高职高专物流管理专业精品系列教材

采购与供应管理

（微课版）

张 彤 马 洁 编著

U0365770

清华大学出版社
北京

内 容 简 介

本书以采购业务流程为主线,设计了 8 个学习项目和 22 个任务,全面系统地介绍了采购与供应管理的理论知识,以及采购业务流程中分析采购需求、制订采购计划、实施采购工作、履行采购合同、控制采购过程、供应商管理、评价采购绩效等采购工作环节的知识点和技能点。本书是数字化立体教材,配有丰富的教学资源,如教学课件、教学案例、教学视频、Flash 动画、交互式动画、微课,以及采购管理人员必备的工具,如采购工作流程及采购工作标准、采购作业环节操作指南、采购单证等。本书旨在帮助学生构建采购与供应管理的知识体系,掌握采购与供应管理的理论知识和采购业务操作技能。

本书可作为高职院校物流管理、采购与供应管理、供应链管理等专业教学用书,也可作为企业采购人员的岗位培训教材和社会专业人士的参考用书。

图书在版编目(CIP)数据

采购与供应管理:微课版/张彤,马洁编著.—北京:清华大学出版社,2020.9(2023.8 重印)
高职高专物流管理专业精品系列教材
ISBN 978-7-302-54390-9

Ⅰ.①采… Ⅱ.①张… ②马… Ⅲ.①采购管理－高等职业教育－教材 ②物资供应－物资管理－高等职业教育－教材 Ⅳ.①F253 ②F252.2

中国版本图书馆 CIP 数据核字(2019)第 264529 号

责任编辑:左卫霞
封面设计:常雪影
责任校对:李 梅
责任印制:丛怀宇

出版发行:清华大学出版社
  网 址:http://www.tup.com.cn,http://www.wqbook.com
  地 址:北京清华大学学研大厦 A 座   邮 编:100084
  社 总 机:010-83470000   邮 购:010-62786544
  投稿与读者服务:010-62776969,c-service@tup.tsinghua.edu.cn
  质量反馈:010-62772015,zhiliang@tup.tsinghua.edu.cn
  课件下载:http://www.tup.com.cn,010-83470410
印 装 者:北京鑫海金澳胶印有限公司
经 销:全国新华书店
开 本:185mm×260mm 印 张:12.5 字 数:302 千字
版 次:2020 年 9 月第 1 版   印 次:2023 年 8 月第 4 次印刷
定 价:39.00 元

产品编号:086155-01

　　随着经济全球化的迅速发展和全球供应链的普遍实施,企业需要有效地整合与利用外部资源,从供应链中挖掘利润,提升自身竞争力,获得竞争优势。从企业内部考量,采购已经成为一种技术性、实用性和操作性极强的关键工作;从企业外部考量,供应市场的复杂多变和供应源的多样化给企业采购工作带来了更多的挑战。因此,采购与供应管理在企业经营活动中的作用日渐凸显,采购与供应管理工作正在向流程化、标准化、高效化方向发展,对企业采购人员的要求也越来越高。随着采购与供应管理实践的深入发展,涌现出许多创新的理念和方法,需要及时地进行总结和提炼,不断完善采购与供应管理理论,以指导不断发展的采购与供应管理实践。

　　本书的编写按照《国家职业教育改革实施方案》的要求,结合职业教育教学改革、课程建设实践和现代信息技术应用情况,以就业创业为导向,注重立德树人,突出职业素养和实践技能的培养。本书以采购业务流程为主线,设计了 8 个学习项目:认知采购与供应管理、分析采购需求、制订采购计划、实施采购工作、履行采购合同、控制采购过程、供应商管理、评价采购绩效。每个学习项目包括若干个工作任务,根据完成任务的需要介绍采购与供应管理知识,通过不断训练,将知识转化为技能。

　　本书在以下方面进行了创新,以期更好地体现行业的新变化,更加贴近岗位的新需求。同时利用现代信息技术,为读者提供更好的学习体验。

　　1. 内容选取。本书以采购业务流程为主线,根据采购人员的各个职业岗位和典型工作任务,提炼出胜任岗位工作所需要的知识和技能,作为本书的知识点和技能点,精心设计了 8 个学习项目和 22 个工作任务,每个学习项目和工作任务均来源于实践,反映了供应链行业对采购人员的要求。

　　2. 体例安排。本书以"学习者为中心",构建了一条"学习目标—学习导图—学习任务—学习总结—学习测试—学习案例—学习评价"的"学习链"。其中,学习目标列示了学习项目的知识点、技能点和素质要素;学习导图以脑图的形式展示学习项目全貌及其内在的逻辑关系,使教与学有的放矢;学习任务是学习项目的核心内容,根据学习者的认知规律,按照"任务描述—任务分析—知识准备—任务实施—任务训练"的结构进行递进式排列;学习总结简明扼要地总结了学习项目的知识点和技能点;学习测试分为客观题和案例分析题,客观题包括单项选择题、多项选择题和判断题,主要测试学习者基础知识的掌握情况,案例分析题考查学习者分析问题和解决问题的能力;学习案例拓展学习者的视野,使学习者了解企业的先进做法;学习评价评价学习者通过学习与实践,达成学习目标的情况,与学习目标对应,由此完成了学习链条的首尾相连,形成了一个完整的闭环教材框架。

3. 任务设计。本书按照一体化的设计思路,以采购流程为主线,以企业案例为背景,在每个学习项目的任务中都设计了"教"和"练"的任务,无论是学习项目内部的任务,还是学习项目之间的任务都具有关联性,由此形成了一体化学习任务。每个任务都设计了任务工作单、任务检查单、任务评价单,便于教师和学习者使用,是《国家职业教育改革实施方案》倡导的工作手册式教材。学习任务由高职院校教师与企业专家共同开发,是校企合作、产教融合的成果。

4. 教学资源的应用。按照国家职业教育教学资源建设的要求,以知识点、技能点为颗粒度,制作了包括微课、动画、视频、教学课件、教学案例,以及采购工作流程与采购工作标准、采购作业环节操作指南、采购单证等教学资源,将这些教学资源嵌套在书中进行配套使用,打造"新形态一体化教材"。

5. 实训系统的使用。为了满足师生混合式教学和学习的需求,学校与企业共同开发和建设了与本书配套的一体化实训系统。该系统以学习任务为载体,设计了教学项目、训练项目和综合项目。其中,教学项目、训练项目与学习任务中的"教"和"练"任务相匹配,教师通过教学项目完整再现企业采购流程的各个工作环节,有助于关键知识点和技能点的教学。学习者通过训练项目,可以进行采购流程单节点任务的训练,有助于掌握单个工作环节的知识点和技能点。综合项目是以采购流程的全部技能点为核心设计了完整的工作任务,可以用于综合实训,学习者通过综合项目训练,可以融会贯通地完成整个采购流程的工作任务,有助于知识向技能的转化。

本书由高职院校教师和企业资深专家组成的编写团队共同完成,由北京电子科技职业学院张彤教授、马洁副教授共同编写,由北京络捷斯特科技发展股份有限公司开发一体化实训项目和实训系统,由企业专家提供职业指导。因此,本书是校企合作开发的"双元"教材。

本书在编写过程中引用了诸多第三方的数据、资料和图片,在脚注和参考文献中尽可能详尽地列出了文献资料的来源,如有疏漏敬请谅解。在此向引用资料的原作者表示诚挚的敬意和由衷的感谢。

由于编者理论水平和实践经验有限,书中难免有不足之处,恳请各位专家和读者批评指正,以便我们不断完善。

张 彤

2020 年 3 月于北京

CONTENTS

目 录

认知采购与供应管理

学习目标

【知识目标】

1. 掌握采购的基本概念。
2. 掌握采购主体和采购客体。
3. 掌握主要采购方式的内容。
4. 理解采购的价值作用。
5. 从供应链角度理解供应和供应商。
6. 从供应链角度理解采购和供应的关系。
7. 理解供应链环境下的采购与供应管理。
8. 熟悉采购与供应管理的目标和内容。
9. 熟悉采购基本业务流程。
10. 熟悉采购组织类型。
11. 熟悉采购岗位职责。

【能力目标】

1. 能够根据实际情况分析企业采购状况。
2. 能够描述采购业务流程,绘制采购业务流程图。
3. 能够根据采购组织结构设置岗位。
4. 能够描述采购岗位职责。

【素质目标】

1. 具备获取信息能力。
2. 具有协调沟通能力。
3. 具有解决问题能力。
4. 具有团队合作能力。
5. 具有自主学习能力。

学习导图

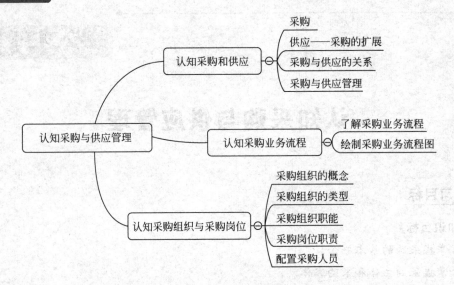

任务1　认知采购和供应

任务描述

　　小张是某高校工业工程专业的学生,毕业后应聘到 AAA 自行车有限责任公司工作(简称 AAA 公司),AAA 公司是一家以生产普通自行车为主,同时也生产山地自行车的企业。在实习期间,他深入各个车间,详细了解自行车零部件的性能特征及生产工艺。实习完成后,他被分配到企业的采购部从事采购工作。

　　刚到采购部,采购部经理李翔飞就给小张布置了任务,要求小张系统地学习采购和供应管理理论,根据企业自行车的基本结构和生产过程,用所学的理论知识分析企业的采购现状,并对企业采购管理做出评价。

任务分析

　　由于小张是工科毕业生,不具备采购与供应管理的知识,因此小张要完成经理交付的任务,一方面要了解自行车零部件的采购情况;另一方面还要学习采购和供应管理的基本理论,掌握采购与供应活动的内在规律,指导企业采购实践。

知识准备

1.1.1　采购

1. 采购的概念

　　采购是经济发展和社会化分工的产物,在社会分工高速发展的现代社会中,采购是一个既普遍又重要的概念,采购的概念有狭义和广义之分。

狭义的采购是指以购买的方式，由买方支付对等的代价，向卖方换取商品的行为过程。这种以货币换取商品的方式是最普遍的采购。

广义的采购是指除以购买的方式换取商品外，还可以通过各种不同的途径，包括购买、租赁、借贷、交换等方式，取得商品或劳务的使用权或所有权，以满足某种特定的需求。

知识链接　　　　　　　　　　　**采购与购买的区别**

采购是指从多个对象中选择购买商品或劳务的交易行为，其核心是"选择"；购买是指购买主体通过货币交换来获取衣、食、住、行等生活资料。采购与购买的区别如表 1-1 所示。

表 1-1　采购与购买的区别

项　目	采　购	购　买
主体	企事业单位、政府部门、军队、其他社会团体	家庭或个人
客体	生活资料和生产资料	生活资料
品种和数量	品种规格繁多，金额巨大	品种有限，数量不多
过程	从筹划到实施，过程十分复杂，涵盖"三流"	从筹划到实施，较简单易行
风险	风险很大，尤其是国际采购风险更大	风险不大

2. 采购主体

采购主体是指发出采购行为的个人与组织，一般包括个人、家庭、企业、政府、事业单位和非营利组织等。按照采购主体划分，采购分为个人采购、企业采购和政府采购。

采购与购买的区别

（1）个人采购。个人或家庭为满足消费需要进行的购买行为。

（2）企业采购。企业为满足生产经营需要进行的购买行为。

（3）政府采购。各级国家机关、事业单位和团体组织，使用财政性资金采购依法制定的集中采购目录以内的或者采购限额标准以上的货物、工程和服务的行为。政府采购不但是指具体的采购过程，而且是采购政策、采购程序和采购管理的总称，是一种公共采购管理的制度。

3. 采购客体

采购客体是指采购的对象或者标的。一般而言，采购对象主要是有形物品和无形劳务。其中，有形物品主要包括原材料、辅助材料、零部件、半成品、成品、机器设备以及 MRO（maintenance repair and operation，维护、维修与运行）等。国际制造业把有形物品分为 BOM、NON-BOM、Resale Product。无形劳务主要包括技术、服务和工程发包。

按照采购主体划分，采购分为有形采购和无形采购。

（1）有形采购。有形采购是指采购的物资为有形物品，主要包括机器设备采购、原材料采购、辅助材料采购、零部件采购、半成品采购、成品采购和 MRO 采购。

（2）无形采购。无形采购是指采购不具有实物形态的服务和专有技术，主要包括技术采购和服务采购。技术采购一般包括专利、商标、版权和专业技术的获取。服务采购主要是对专业服务、技术服务、维修服务、培训和劳务、咨询服务等的获取。企业服务采购主要集中在信息技术、企业运作（行政管理、客户服务、财务、人力资源、房地产和实物资产、销售和市场）和物流服务（分销和运输）三大领域。随着社会的进步和第三产业的发展，服务采购在无形采购中的占比将越来越大。

4．采购方式

采购方式是指采购主体获取采购客体的途径、形式和方法的总称。随着采购范围的不断扩大和采购技术的迅速发展,出现了许多新的采购方式。目前常用的采购方式主要有以下几种。

(1) 分散采购和集中采购。

① 分散采购。分散采购是将企业或企业集团的采购权限分散到下属各个需求单位,需求单位根据自身生产经营需要自行组织实施的采购方式。

② 集中采购。集中采购是指企业在核心管理层建立专门的采购机构,统一组织实施企业所需物品的采购进货业务。

分散采购与集中采购的比较如表1-2所示。

表 1-2　分散采购与集中采购的比较

对比项目	分 散 采 购	集 中 采 购
优势	① 对利润中心负责 ② 市场反应灵敏 ③ 较少的内部协同 ④ 与供应商直接沟通 ⑤ 分散采购风险	① 具有规模效益 ② 降低采购成本 ③ 提高议价能力 ④ 规范采购行为 ⑤ 稳定供应关系
劣势	① 缺乏规模经济 ② 采购成本高 ③ 采购分散,不易形成专业技能	① 手续较多,过程繁杂 ② 缺乏柔性 ③ 对采购人员要求高,专业性强
适用条件	① 零星的物品采购 ② 跨地域的物资采购 ③ 专业化程度较高的物资采购 ④ 产品开发研制、试制所需的物资采购 ⑤ 市场资源充足、易送达、物流费用低的物资采购	① 大宗和批量的物资采购 ② 易出现质量问题的物资采购 ③ 价值较高的物资采购 ④ 关键性生产零部件采购 ⑤ 保密性高的物资采购 ⑥ 需求稳定的定期采购

分散采购和集中采购的选择要素包括采购对象、采购数量和采购环境。

(2) 招标采购。招标采购就是通过招标方式进行采购,是通过在一定范围内公开采购信息,说明拟采购物品或项目的交易条件,邀请供应商或承包商在规定的期限内提出报价,经过比较分析后,按既定标准选择条件最优惠的投标人,并与其签订采购合同的一种采购方式。目前,招标采购主要有公开招标和邀请招标两种采购方式。

① 公开招标。公开招标也称无限竞争性招标,是一种由招标人按照法定程序,在报纸、网络等公共媒体上发布招标公告,吸引众多企业单位来参与竞争,招标人从中择优选择中标单位的招标采购方式。

招标采购方式

② 邀请招标。邀请招标也称有限竞争性招标或选择性招标,即由招标单位选择一定数目的合格企业(必须有3家以上),向其发出投标邀请书,企业在规定的时间内向招标单位提交投标意向,购买投标文件进行投标。

(3) 电子采购。电子采购是指企业应用互联网技术,将企业的采购流程电子化、网络化、自动化的采购方式,也称网上采购。电子采购一般是采

电子采购

购企业通过电子采购交易平台(电子采购交易平台既可以是第三方公共平台,也可以是专业/行业平台)发布采购信息,供应商在线报价,在线选择供应商,与供应商沟通和谈判,签订采购合同,在线订货和结算,通过线下收货,完成整个采购工作。随着互联网和信息技术的发展,电子采购已经成为一种有效采购方式,被广泛应用。

(4) 全球采购。全球采购是指在供应链思想的指导下,利用先进的技术和手段,在全世界范围内寻找最佳的资源配置,寻找在质量、价格、交货期、服务等方面具有综合优势的最佳供应商,采购性价比最好的产品和服务,以更好地满足客户的需求。

 知识链接　　　　　　　**国际采购**

国际采购即跨越国境的采购,是指从企业所在国以外的一个市场或多个市场获取一个产品、货物或者服务的过程。国际采购在业界被称为"国际寻源"(international sourcing),即从企业所在国以外的国家寻找合适的产品、服务、技术和供应商。

全球采购与国际采购略有区别,国际采购只是在国外的一个国家进行的采购,从单个国家角度出发,侧重于从操作层面来描述采购业务的跨国性质。而全球采购是在多个国家进行采购,从全球业务角度出发,侧重于从战略层面来描述采购业务的全球资源获得和内部业务管控。

案例分享　　　　　　　**苹果公司的全球采购**

随着经济全球化的快速发展,企业运营出现国际化的趋势,全球采购已成为国际化企业重要的采购方式。苹果公司生产的产品零部件大都来自全球各地,据苹果官方网站公布,2019年苹果公司在全球 49 个国家和地区有 801 家制造企业为其提供零部件。苹果公司公布的 200 家大供应商中,中国台湾 46 家,美国 40 家,中国大陆和香港地区共 40 家(其中大陆 30 家,香港地区 10 家),日本 39 家,韩国 14 家,这 5 个地区共有 179 家供应商,占比达到 89.5%,说明苹果公司的供应商在以上 5 个经济体中高度集中。亚洲地区是苹果公司的最大采购地,以 iPhoneX 为例,约 70% 原材料/零部件来自亚洲地区。苹果公司向中国台湾企业主要采购 A11 芯片的制造、大立光的镜片、电路板等;向日本企业主要采购高级材料、摄像头 CMOS 等;向中国大陆企业主要采购线缆、连接器、音频组件、电池等;向美国本土企业采购最精密、高端的部件,主要包括 A11 芯片的设计、Face ID 的原生投影矩阵、高速/Intel 的基带、西数的闪存等。

(5) 联合采购。联合采购是把需要购买同一产品的企业联合起来,形成采购大订单,以提高采购规模和经济效益,降低采购成本,它是多个企业之间的采购联盟行为。联合采购主要有采购战略联盟和通用材料的合并采购两种形式。

① 采购战略联盟。采购战略联盟是两个或两个以上的企业出于对供应市场的了解和企业自身经济目标的考虑,采取一种长期合作与联合的采购方式。这种联合是自愿的、非强制性的,联盟企业仍保持采购的独立性和自主权,通过协议结成松散的采购联合体。例如,雷诺和日产建立了全球采购中心。

② 通用材料的合并采购。通用材料的合并采购是具有相同需求的企业或相互竞争的企业,通过合并通用材料的采购数量来提高议价能力以获得低价优惠,从而实现双赢。其联合的准则是通过联合采购使联合体的整体采购成本低于各方单独采购的成本之和。例如,施乐公司、史丹利公司和联合技术公司 3 家公司组成钢材采购集团。尽管施乐公司钢材采购量仅为其他两家公司的 1/4,但同样获得了规模采购带来的低价好处。

5．采购的作用

采购已经成为企业生产经营中的一个核心环节,是获取利润的重要来源,在企业产品研发、质量保证、供应链管理以及生产经营管理中起着举足轻重的作用。

(1) 采购的价值作用。在现代企业管理中,采购是最有价值的部分。采购成本是企业产品成本的主体和核心部分,从世界范围看,对于一个典型的企业,采购的原材料及零部件成本占企业总成本的比例为30%~90%,平均水平为60%以上。在中国企业中,各种物资的采购成本要占企业产品总成本的70%以上。有数据表明,材料价格每降低2%,在其他条件不变的前提下,净资产回报率可增加15%。因此做好采购工作,控制采购成本,可以增加企业利润。

采购的杠杆作用

(2) 采购的供应作用。从供应的角度,采购是整个供应链管理中"上游质量控制"的主导力量。在工业企业中,利润是同制造以及供应过程中的物流和信息流流动速度成正比的。从整个供应链的角度,企业为了获取尽可能多的利润,都会想方设法加快物料和信息流动,由于占成本60%的物料及相关信息都来自供应商,这样就必须依靠采购的力量,充分发挥供应商的作用。供应商提高其供应可靠性及灵活性、缩短交货周期、增加送货频率可以极大地改进工业企业的管理水平。

(3) 采购的质量作用。质量是产品的生命。采购物料不只是价格问题,还要考虑质量水平、质量保证能力、售后服务、服务水平、综合实力等。由于产品中价值60%的物料是通过采购获得的,是由供应商提供的,产品质量在很大程度上受到采购品质量控制的影响。企业产品质量不仅取决于企业内部的质量控制,更依赖于对供应商的质量控制,因此要做好"上游质量控制",即将质量管理工作的重点放在对供应商的供货质量控制上。经验表明,一个企业如果将1/4~1/3的质量管理精力放在供应商的质量管理上,那么企业自身的质量水平至少可以提高50%,可见,通过采购将质量管理延伸到供应商质量控制,是提高企业产品质量水平的保证。

1.1.2 供应——采购的扩展

在产品和服务的供应链中,供应是与采购相互联系的环节。每个企业既是客户,又是供应商。企业作为客户,是希望从供应市场以优惠的价格获得满足需求的高质量产品或服务;企业作为供应商,则是为了满足客户的需求,以最低的成本将高质量的产品以最快的速度供应到市场,以获取最大利润。

　知识链接　　　　　**供应链和供应链网络**

供应链(supply chain)是围绕核心企业,通过对信息流、物流、资金流的控制,从采购原材料开始,制成中间产品以及最终产品,最后由销售网络把产品送到消费者手中,将供应商、制造商、分销商、零售商,直到最终用户连成一个整体的功能网链结构。

供应链网络是从原材料供应开始,经过链中不同企业的加工制造、装配、分销直到最终用户的整个过程中所涉及的所有节点企业(包括供应商、生产商、分销商和用户)组成的供需网络,如图1-1所示。

由图1-1可知,供应链由所加盟的节点企业组成,其中有一个核心企业(可以是制造型企业,也可以是零售型企业),其他节点企业在核心企业需求信息的驱动下,通过供应链的职能分

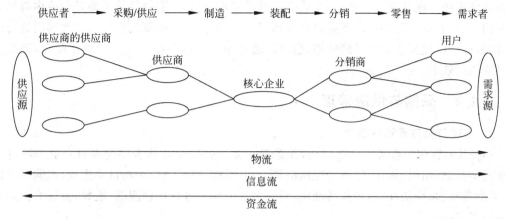

图 1-1   供应链网络结构

工与合作(生产、分销、零售等),以资金流、物流或信息流为媒介实现整个供应链的不断增值。因此,供应链不仅是一条连接供应商和用户的物流链、信息链、资金链,而且是一条增值链。

(1)供应的概念。供应主要是对企业内部需求的供应,即在企业生产经营需要时,供应商按照需要提供生产需要的物资和服务,以满足企业生产运营的需要。

在欧美,供应具有采购、存储和接收在内的更广泛的含义。

(2)供应商。供应商(supplier)是指可以为采购企业提供所需要的原材料、零部件、半成品、成品、机器设备、工具、维持生产运营材料及各类劳务和技术的企业。

供应商是企业采购的"源头"。采购企业要维持正常的生产经营,就必须从企业外部获得资源,需要有一批能够按照企业的采购需求,提供优质物资和服务的供应商。

(3)供应市场。供应市场(supply markets)是企业采购所需资源用于生产经营的市场。采购部门主要是在不同的供应市场里进行交易,因此供应市场是企业采购的"货源"聚集地。

在供应市场中,企业所从事的采购与供应管理活动要受到供应环境因素的影响。供应环境因素主要包括宏观环境因素、供应商行业环境因素以及企业内部微观环境因素。

1.1.3   采购与供应的关系

采购与供应是相辅相成的。采购是为了供应,而供应则是靠有效的采购支持。

采购的业务对象是向外的,即从供应链上游组织资源,向供应商采购有形的商品和无形的服务;供应的业务对象是向内的,为企业内部的生产和其他职能部门供应所需要的资源。

采购部门作为企业的一个业务部门,要与企业外部的供应商打交道,要与企业内部的相关部门协调,处于企业供应链的中间环节,起到承上启下的作用。

(1)采购与供应的外部关系。采购与供应的外部关系是通过采购部门与供应商的联系体现的。采购部门的职能是购买企业所需要的物品,因此采购部门要与供应商打交道,包括询价、磋商、催货、签约等,将物资及时、准确、经济、合理地采购回来,并与供应商联系,不断加强合作。

(2)采购与供应的内部关系。采购与供应的内部关系是通过采购部门与企业各相关部门联系体现的。在整个供应链上,企业的下游是客户,但是采购部门的下游是企业内部的相关部门,生产企业采购部门的下游是仓储部门、生产部门。采购部门必须与这些部门进行配合,这样既可以提高企业的采购效率,也可以通过企业内部各部门之间的协作配合,提高整条供应链的效率。

1.1.4 采购与供应管理

1. 采购与供应管理的含义

(1) 采购管理的含义。一般认为,采购管理是为保障企业物资供应而对企业采购过程所进行的计划、组织、指挥、协调和控制活动。在"采购计划下达、采购订单生成、采购订单执行、采购验收、采购结算"的采购活动中,对各个环节状态进行严密跟踪、监督,实现对企业采购执行过程的科学管理。

 知识链接　　　　　　　　**采购与采购管理的区别与联系**

采购与采购管理的区别:采购是具体的采购业务活动,是作业活动,一般是由采购人员承担的工作,只涉及采购人员。其职责是完成采购部门经理布置的具体采购任务,其权力是只能调动采购部门经理分配的有限资源。

采购管理是对整个企业采购活动的计划、组织、指挥、协调和控制活动,是管理活动,是面向整个企业。采购管理一般由企业的采购部门经理或企业副总来承担,其职责是要保证整个企业的物资供应,其权力是可以调动整个企业资源。

采购与采购管理的区别如表1-3所示。

表1-3　采购与采购管理的区别

区别	采　　购	采 购 管 理
概念	采购是一种作业活动,是为完成指定的采购任务而进行的操作活动	采购管理是管理活动,是为保障企业物资供应而对企业采购过程进行的计划、组织、指挥、协调和控制活动
人员	由采购人员实施	所有采购人员和相关人员参与
责任	完成具体采购任务	保证整个企业的物资供应
权力	只能调度采购部门的有限资源	可以调度整个企业的资源

采购与采购管理的联系:采购本身也有具体管理工作,它属于采购管理。采购管理本身又可以直接管理到具体的采购业务的每一个步骤、每一个环节、每一个采购员。

(2) 供应管理的含义。一般认为,供应管理是企业对外部资源的管理,主要是指供应商管理,包括供应市场分析、寻找合适的供应商、评估潜在的供应商、进行采购谈判、选择最终的供应商、供应商关系管理、供应商绩效管理等。

(3) 采购与供应管理的含义。随着全球经济一体化的发展,市场竞争日益激烈,客户需求的提升驱动企业按库存进行生产,而竞争的要求迫使企业按订单进行生产。要解决这一矛盾,企业需要从供应链整体的角度,将供应商纳入自身的生产经营中,将采购活动与供应商活动看作自身供应链的一个有机组成部分,将企业内部的采购管理与外部的供应管理有机结合起来,融为一体,形成采购与供应管理。可以说,采购与供应管理是供应链管理模式下采购管理的升级。

知识链接　　　　　　　　　**供应链管理**

供应链管理就是使供应链运作达到最优化，以最少的成本，令供应链从采购开始，到满足最终用户的所有过程，包括工作流（work flow）、实物流（physical flow）、资金流（funds flow）和信息流（information flow）等均高效率地操作，把合适的产品，以合理的价格，及时、准确地送到消费者手中。

供应链管理主要涉及六个主要领域：需求管理（demand）、生产计划（schedule planning）、订单交付（fulfillment）、物流管理（logistics management）、供应（supply）和回流（return）。供应链管理是以同步化、集成化生产计划为指导，以各种技术为支持，尤其以网络技术为依托，围绕需求、供应、生产作业、物流、订单交付来实施的，其目标是提高用户服务水平和降低总的交易成本，并且寻求这两个目标的平衡。因此供应链管理涉及六大管理模块：市场与客户管理、产品开发管理、计划与需求管理、采购与供应管理、生产与运营管理、仓储与物流管理。

2. 采购与供应管理的目标

采购与供应管理的总体目标：在采购活动中，通过合适的供应商，在合适的时间内，以合适的价格获得合适数量和合适质量的物料或服务，不断地优化采购与供应管理，实现有效采购。即"5R"：合格的供应商（right supplier）、适当的时间（right time）、适当的价格（right price）、适当的数量（right quantity）、适当的质量（right quality）。

案例分享　　　　　　　**山西晋煤的"五适"采购管理**

为节约采购成本，提高资金使用率，山西晋丰煤化工有限责任公司"以市场为导向，以性价比为中心"，以适价、适质、适量、适时、适地为目标进行采购管理。

"适价"就是要追求物资采购性价比的最大化。为了达到这一目标，该公司积极整合部分兄弟单位的信息资源，收集具有一定实力的供应商信息1 000余家，为在物资采购工作中达到"多中选优，优中选廉"提供基础。同时，通过比价采购，有效降低采购成本，实现物资性价比的最大化。

"适质"就是要采购满足工程质量需求的物资。该公司在物资采购过程中，坚持从全局出发，全面把握物资供应的利害程度，严格按照使用单位提出的质量要求购买，既不能盲目贪图便宜采购质量低劣的商品，也不能盲目追求质量过高，防止出现商品质量过剩、成本增加的情况，做到恰到好处。

"适量"就是要采购数量满足正常使用的需求用度。该公司通过提前申报需求计划，严格审核采购计划，准确地把握物资采购的数量，科学调度，保持合理库存，预防物资积压，避免资金沉淀，提高资金使用率。

"适时"就是要严格按照生产要求安排到货。该公司建立物资供应部门、技术部门、生产单位"三合一"的到货需求台账，明确记录了所需物资到货准确时间，达到既不要过早到货，造成闲置物资、占用资金、增加保管费用，又不能推迟到货，影响生产进度。

"适地"就是要把物资供应到最需要且最适合的地方。该公司按照计划实现物资调配，实行到货物资专库对口存放，防止出现物资不规则存放，尽量减少物资调配甚至二次倒运，减少人力、机械使用费用。

实际工作中,企业往往难以全部实现总体目标,因此采购部门应在这些相互冲突的总体目标中寻找一个合理的平衡点,实现企业利益最大化。根据采购与供应管理的总体目标,企业采购与供应管理应达到以下具体目标。

(1) 确保所需要物资及时供应,保障企业正常运营。

(2) 减少库存占用资金和库存管理费用,降低库存成本。

(3) 保持并提高供应商的供货质量,确保企业产品质量。

(4) 寻找和发展有竞争力的供应商。

(5) 缩短产品研发周期。

(6) 尽可能实现所采购物资的标准化。

(7) 加强采购部门与其他部门的协作,提高协同效应。

(8) 降低采购总成本,提高企业竞争力。

3. 采购与供应管理的内容

　　为了实现采购与供应管理的目标,企业要对采购与供应过程进行计划、组织、指挥、协调和控制,有效地组织企业的采购与供应管理活动。这些管理活动构成了采购与供应管理的内容,如表 1-4 所示。

表 1-4　采购与供应管理的内容

管理模块	管理内容
采购组织管理	结合企业的实际情况和发展需求,建立和健全采购部门的组织结构,明确职责分工,优化人员配置
采购需求管理	收集企业内部不同单位的采购需求,准确地描述采购需求,提高需求的标准化程度
采购计划管理	在调查和分析采购需求的基础上进行采购决策,编制采购计划和采购预算,指导采购活动
供应商管理	根据采购需求进行供应市场分析和调研,寻找、选择、评审、考核供应商,建立并完善供应商档案
采购价格管理	建立并更新重要物资及常备物资的价格档案,指导采购作业和价格谈判,提高采购绩效
采购合同管理	组织合同评审,签订采购合同,建立采购合同台账并分类管理,监督合同的执行
采购进度管理	监督采购合同的签订与执行,开展采购跟单与催货工作,进行交期管理,严格控制采购进度,确保及时供应
采购质量管理	建立采购认证体系,对供应商的供货进行认证,对采购物资进行质量检验,确保采购物资符合企业要求
采购成本管理	严格执行采购预算,监督采购询价、议价、订购过程中的费用使用,开展成本分析,有效控制采购成本
采购风险管理	建立采购风险控制体系,制定规避措施和应急预案,把控采购各个环节
采购绩效管理	定期对采购部门的采购作业和采购人员的工作情况进行绩效考核,并根据考核结果进行奖罚,分析采购过程中的薄弱环节与问题,制订改进计划,提高采购绩效

任务实施

　　分析 AAA 公司的采购情况的步骤,如图 1-2 所示。

图 1-2 分析 AAA 公司的采购情况的步骤

步骤 1：描述产品基本结构。

小张通过在生产车间实习，了解到本企业生产的普通自行车的基本结构，如图 1-3 所示。

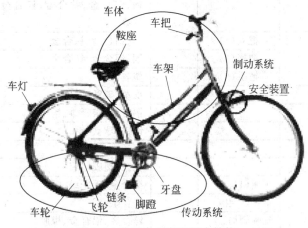

图 1-3 普通自行车的基本结构

普通自行车的构造分为车体、传动系统和安全装置 3 个部分，各个部分的零部件构成如下。

(1) 车体。车体包括车架、车把(把立、把横、把手)、鞍座。

(2) 传动系统。传动系统包括牙盘、飞轮、链条、脚蹬、车轮(车圈、钢线、气嘴阀、轮胎)。

(3) 安全装置。安全装置包括制动系统(刹车片、刹把、刹车线)、车灯、车铃。

自行车产品结构树如图 1-4 所示。

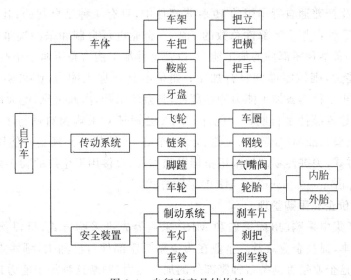

图 1-4 自行车产品结构树

步骤 2：了解企业采购情况。

企业根据自行车产品结构树确定自行车产品的物料清单，经过分析讨论后，确定了自行车零部件自制和采购清单，如表 1-5 所示。

表 1-5　自行车零部件自制和采购清单

自行车结构			材　质	自制	采购
车体	车架(1)		铜、铝合金、钛合金、镁合金、碳纤维	√	原材料
	车把(1)	把立(1)	铜、铝合金、钛合金	√	原材料
		把横(1)	铜、铝合金、钛合金	√	半成品
		把手(2)	塑胶、皮革		成品
	鞍座(1)		皮革、碳纤维		成品
传动系统	牙盘(1)		铝合金、碳纤维、铜		成品
	飞轮(1)		铸铁、球铁、钢		成品
	链条(1)		不锈钢、铝合金		成品
	脚蹬(2)		橡胶、塑胶		成品
	车轮(2)	车圈(1)	铝合金、碳纤维、铜	√	原材料
		钢线(1 组)	铝合金、铜		成品
		气嘴阀(1)	锌合金、铝合金、橡胶		成品
		轮胎(1)　内胎(1)	天然橡胶、丁基橡胶、丁苯橡胶		成品
		外胎(1)	橡胶、钢丝、聚酰胺(尼龙)、炭黑		成品
安全装置	制动系统(1)	刹车片(2)	钢、橡胶		成品
		刹把(2)	塑料、橡胶		成品
		刹车线(2 根)	铝合金		成品
	车灯(1)		塑料、LED 照明灯		成品
	车铃(1)		铝合金、铜		成品

步骤 3：分析企业采购现状。

AAA 公司生产普通自行车用的 19 种零部件中，只有 4 种是自制的，其他 15 种零部件都是采购的，采购件占整个零部件总数的 79%。企业进行自制和采购决策时，主导思想是判断企业是否具备某种零部件的加工能力，以及这种加工能力是否属于企业的核心竞争力。如果具备加工能力，则该零部件自行加工；如果不具备加工能力，则采购。基于该思想，AAA 公司遴选出 4 种具备加工能力的零部件，其余均采购，由此可见，绝大部分零部件都是采购件，只有少数零部件是自制件。此外，AAA 公司还对采购物料进行了分类，分为原材料、半成品(如把横)、成品(如链条、飞轮、牙盘、车灯、车铃等)，并规定对使用量较大的物料采用集中采购方式，关键性零部件采用招标采购方式，直接用于生产的物料采取物料需求计划(material requirement planning，MRP)采购方式。

步骤 4：评价企业采购管理。

企业采用了集中采购、招标采购和 MRP 采购等先进采购方式，可以保证采购物料质量，降低采购成本，提高企业效益。企业在决定哪些零部件自己加工，哪些零部件需要采购时，其主导思想是企业是否具备某种零部件的加工能力，判断这种加工能力是否属于企业的核心竞争力。如果具备，则该零部件自己加工；如果不具备，则采购。根据这种思想，遴选出 4 种企业具备加工能力的零部件由企业自行生产,其余均采购。因此,AAA 公司采购方式和采购决策符合现代采购管理思想。

任务训练:认知采购与供应管理内容

训练目的:通过此次训练,使学生深入理解采购与供应管理的基本内容。

训练方式:以个人为单位完成任务。

训练环境:综合实训室(学生每人有一台可上网的计算机,桌椅可拼接)。

训练内容:JSJ 公司是一家专业生产减速机的企业,其生产的减速机产品涉及多个大类、几十种型号。小李是某高校采购管理专业的学生,被安排到采购部实习。报到第一天,采购主管赵宇豪安排小李了解公司业务情况、熟悉本部门业务工作。

训练要求:以小李的身份结合采购管理的知识,对以下左右两个部分内容进行正确连线。

① 确定需要采购物品的规格   A. 供应商管理

② 编制采购计划与预算   B. 采购合同管理

③ 选择最合适的供应商   C. 采购需求管理

④ 进行采购谈判并签订合同   D. 采购绩效管理

⑤ 将订单发给优先供应商   E. 采购计划管理

⑥ 订单的监督和支出控制   F. 采购成本管理

⑦ 后续工作和评估   G. 采购订单管理

任务 2 认知采购业务流程

任务描述

小张用所学到的采购与供应理论分析了企业现行的采购方式和采购决策,并向采购经理李翔飞提交了分析报告。李翔飞对小张的报告非常满意,接着又给小张布置了一项新任务,要求小张规范地描述企业采购业务过程和采购业务工作,并绘制采购业务流程图。

任务分析

小张要完成采购经理李翔飞交给的任务,需要了解本企业自行车零部件的采购业务流程,运用流程图这一工具,描述企业采购业务流程,揭示采购业务流程中的一般规律,帮助采购经理李翔飞了解采购业务流程中存在的问题,制订可行的解决方案,实现流程再造。

知识准备

1.2.1 了解采购业务流程

采购业务流程是信息流、物流和资金流的交互过程,其核心是判断在什么时间、与谁、以什么样的方式进行交流互动。采购业务流程可能会因采购对象及来源、采购方式的不同而在作业细节上有所差异,但是基本流程大致相同。

采购业务流程一般包括如图 1-5 所示的几个步骤。

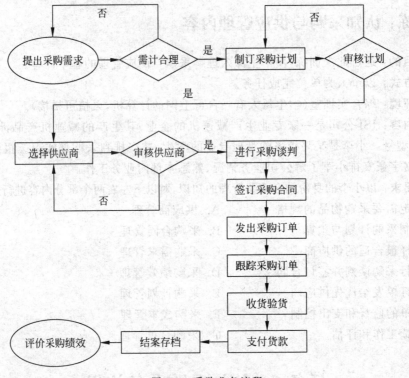

图 1-5　采购业务流程

(1) 提出采购需求。任何采购都产生于企业各个业务部门确切的需求,因此在进行采购之前,采购部门应根据使用部门的申购单,提出采购品种、采购数量、采购时间、交付方式等,并对采购需求加以说明。同时,还要分析资源市场(供应市场),寻找供应源。

(2) 制订采购计划。采购部门根据采购需求,制订采购计划表,确定适当的采购时间和采购数量。

(3) 选择供应商。根据采购需求,从原有供应商中选择业绩良好的企业,或从潜在的供应商中以招标的方式进行选择。

(4) 进行采购谈判。确定可能的供应商后,要与供应商就价格、交货期、运输方式和费用、交货地点、保险等事项进行谈判。

(5) 签订采购合同。经过双方谈判,就双方利益相关的事项达成一致,即可签订采购合同。采购合同是双方就采购内容经过谈判后所达成的具有法律效力的书面协议,合同明确规定了双方的权利和义务。

(6) 发出采购订单。根据采购订单计划,向供应商提出采购请求,发出采购订单。

(7) 跟踪采购订单。在发出采购订单后,需要对订单的执行情况进行跟踪。采购订单的跟踪包括从发出订单之后,到供应商确认、发货、运输、到货验收、入库、发票签收及付款安排、供应商评估等全过程。

(8) 收货验货。在供应商发运的货物抵达后,采购部门按照采购订单(采购合同)的规定等对货物进行验收。凡是采购物资经检验合格后,办理入库,对于验收不合格的物品,依据合同规定退货。

(9) 支付货款。供应商交货验收合格后,随即开具发票,要求付清货款。采购部门核查发票的内容后申请付款,审批手续完成后,财务部门办理付款。

(10) 结案存档。凡经过验收合格的产品进行付款,或验收不合格的产品进行退货,采购部门都需办理结案手续,清查各项书面资料有无缺失、绩效好坏等,并签报高级管理层或权责部门核阅批示。经结案批示后的采购业务,应列入档案登记并进行分类编号,予以保管,以备参阅或事后发生问题时进行备查。

(11) 评价采购绩效。一次采购活动完成后,采购部门需要对本次采购开展 KPI 评价,便于总结和改进。

采购流程

1.2.2　绘制采购业务流程图

在企业中,流程图是用来说明一个过程,这个过程可以是生产工艺流程,也可以是管理流程,用来揭示和掌握封闭系统运行状况。

(1) 明确流程的层级。在企业实际运行过程中,流程按其层级性分为一级、二级、三级,如图 1-6 所示。

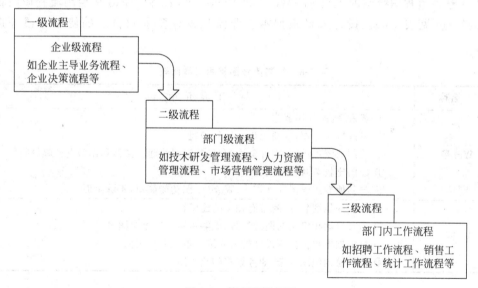

图 1-6　管理流程层级

各级流程之间是环环相扣的,上一级别流程中的一个节点到下一级别可能会演化成另一个流程。

(2) 选择流程图的类型——矩阵式流程图。矩阵式流程图分为纵、横两个方向,纵向表示工作的先后顺序,横向表示承担该项工作的部门和职位。通过纵、横两个方向的坐标,可以清楚地表明工作的顺序和承担工作的部门与人员。

美国国家标准学会(ANSI)对管理流程设计标准符号做出了规定,常用的流程图绘制符号如图 1-7 所示。

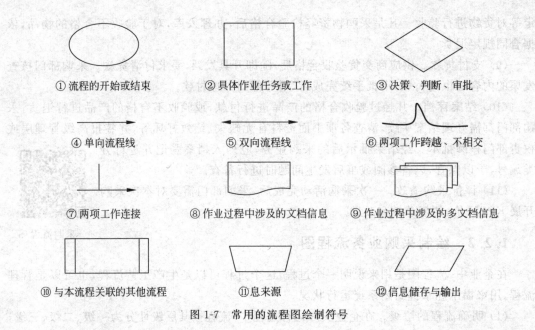

图 1-7　常用的流程图绘制符号

（3）选择流程图绘制的工具——Word 和 Visio。Word 和 Visio 在绘制流程图时都有自身的特点（见表 1-6）。设计人员根据本企业流程设计要求和自己的使用习惯等选择使用。

表 1-6　绘制流程图常用工具比较

工具名称	工具介绍
Word	① 普及率高，使用普遍 ② 发排打印方便，方便流程文件的印制 ③ 绘制的图片清晰、文件量小，容易复制到移动存储器和作为电子邮件收发 ④ 绘图比较费时，难度较大 ⑤ 与其他专用绘图软件相比，Word 绘图功能简单，不够全面
Visio	① 专业的绘图软件，附带有相关的建模符号 ② 通过拖动预定义的图形符号，能够很容易地组合图表 ③ 可根据本单位流程设计的需要进行组织的自定义 ④ 能够绘制组织复杂、业务繁多的流程图

（4）按照以上方法，根据采购业务流程即可绘制出采购业务流程图。

任务实施

绘制 AAA 公司采购管理业务流程的步骤如图 1-8 所示。

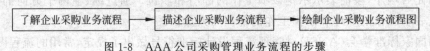

图 1-8　AAA 公司采购管理业务流程的步骤

步骤 1：了解企业采购业务流程。

小张在采购部工作，了解到本企业生产普通自行车所需要的物流的采购流程。

步骤 2：描述企业采购业务流程。

根据规范的采购业务流程总结并描述 AAA 公司的采购业务流程。AAA 公司的采购业务流程和每一个环节工作如下。

（1）明确采购需求。根据年度企业生产计划，计算出每个生产周期的生产量。根据自行车产品采购明细表，计算出生产周期所需要的原材料、零部件数量，再考虑废品率、材料利用率、现有库存量，可以精确计算出采购量。

（2）寻找和选择供应商。企业为了找到合格供应商，对所需要的物料进行了分类。例如，将采购物料分为原材料、半成品和成品，相应地，供应商也就分为原材料供应商、半成品供应商和成品供应商。企业还根据物料在产品中的重要性、价值和采购风险把采购物料分为战略性物资（如钢材）、瓶颈类物资（如链条、牙盘）、杠杆类物资（如刹车线）和一般性物资（如钢线），相应地，供应商也分为战略物资供应商、瓶颈物资供应商、杠杆物资供应商和一般物资供应商。供应商分类后，对每一类供应商设定选择标准，根据标准考察供应商，通过打分确定供应商。

（3）签订采购合同。根据《合同法》和其他相关法律规定，企业与供应商进行采购谈判后签订采购合同。合同内容包括采购物料名称、规格型号、尺寸、性能和技术要求、数量、单价、总价、合同款支付方式、交货日期和地点、包装和运输方式、运费以及违约认定与处理方式等。

（4）签发并跟踪采购订单。对于长期供货的供应商，一般签订年度采购合同，每次供货时下发采购订单，进行订单跟踪。

（5）采购货物验收入库。企业根据合同约定，检查相关技术要求是否满足。对于满足要求的货物，安排入库；对于不满足要求的货物，采购部要与供应商协商解决方案，通常包括退货、换货、降级使用等。

（6）支付货款。企业根据合同约定，支付合同款。一般来说，有一定的账期，并不一定是货到付款。

（7）评估供应商绩效。企业每年对主要供应商进行绩效评估。评估标准由企业自行制定。内容主要包括供货质量、交货准时性、对变化的响应性等。评估方法是根据全年统计的交货记录和验收记录，根据评估标准对主要供应商逐一进行打分。根据打分结果对供应商进行分级，并提出处理意见。

打分结果示例如表 1-7 所示。

表 1-7 打分结果示例

分 值	级 别	处 理 意 见
90 分以上	优秀供应商	巩固合作关系，希望建立联盟
80～89 分	良好供应商	巩固合作关系，帮助改善不足
60～79 分	合格供应商	发出警告，帮助改善不足
59 分以下	不合格供应商	终止合作，寻找新的供应商

步骤 3：绘制企业采购业务流程图。

根据采购业务流程绘制的业务流程图见图 1-9。

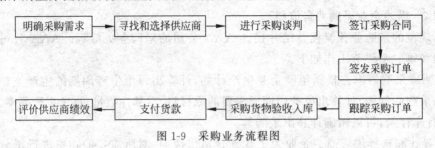

图 1-9　采购业务流程图

任务训练：认知采购业务流程

训练目的：通过此次训练，使学生理解采购业务流程之间的相互关系。

训练方式：以个人为单位完成实训任务。

训练环境：综合实训室(学生每人有一台可上网的计算机，桌椅可拼接)。

训练内容：在 JSJ 公司实习的第二天，采购主管赵宇豪为检验小李是否已熟练掌握采购业务流程，安排小李汇报本公司的采购流程。(注意：本公司采用招标采购方式)

训练要求：以小李的身份梳理下列采购业务工作，给出正确的业务流程排序，并绘制采购业务流程图。

①制订相关计划(销售、生产、采购)。②签订采购合同。③招标公告。④提出采购需求。⑤跟踪采购订单。⑥结案存档。⑦采购组织与人员配备。⑧发出采购订单。⑨评价采购绩效。⑩收货验货。⑪审核需求。⑫招标。⑬支付款项。⑭审核计划。⑮制定招标书。

任务 3　认知采购组织与采购岗位

任务描述

小张熟练掌握采购部基本业务流程后，采购经理李翔飞要求小张调研采购部岗位设置和人员配置情况，了解每一个岗位职责，并提交调研报告。

任务分析

小张为了完成经理交给的任务，需要学习采购组织管理的相关知识，了解采购组织的类型及职能，了解采购组织内部结构和岗位设置，这样才能熟悉本公司采购岗位及人员配置，以及各个采购岗位的职责。

知识准备

采购部门是企业为了实现采购与供应管理的目标,有效地实施采购与供应管理活动而设置的职能部门,是采购组织的具体形式。企业要按照一定的方式规划采购部门内部的分工,设置采购岗位,明确岗位职责,配置相应的采购人员。

1.3.1　采购组织的概念

采购组织是指为了完成企业的采购任务,实现保证生产经营活动顺利进行,由采购部按照一定的规则组成的一支采购团队。

采购组织不但管理日常运作,而且负责制定相关的采购政策等,负责整个企业采购活动的计划、组织、协调、控制和指挥,保证企业物资的供应。

1.3.2　采购组织的类型

现代企业有着多元化的组织结构。企业需要根据自身的情况和特点选择适当的采购组织的类型。目前,比较典型的采购组织有 4 种类型:分散型采购组织、集中型采购组织、混合型采购组织和跨职能采购小组。

(1) 分散型采购组织。分散型采购组织是指与采购相关的职责和工作由不同部门执行的采购组织形式。分散型采购组织的结构如图 1-10 所示。

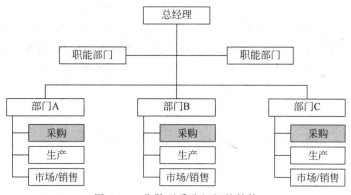

图 1-10　分散型采购组织的结构

分散型采购组织的优缺点如表 1-8 所示。

表 1-8　分散型采购组织的优缺点

优　点	缺　点
① 具有自主性、灵活性、多样性	① 采购成本较高
② 可以在本地采购,有利于部门之间的竞争	② 供应源单一
③ 手续简便,过程较短,有问题可以快速反馈	③ 忽略其他地区更好的供应源

分散型采购组织适用于拥有多样化经营部门且结构清晰的跨行业企业。

(2) 集中型采购组织。集中型采购组织是指将采购相关的职责或工作,集中授权一个部门执行的采购组织形式。集中型采购组织的结构如图 1-11 所示。

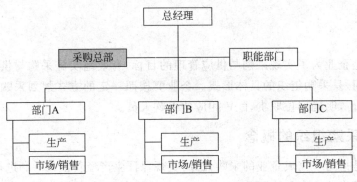

图 1-11　集中型采购组织的结构

集中型采购组织的优缺点如表 1-9 所示。

表 1-9　集中型采购组织的优缺点

优　点	缺　点
① 集中采购,形成规模效应,降低采购成本 ② 采购功能集中,便于人员分工,提高效率 ③ 有利于促进采购产品和供应商标准化	① 手续多,审批时间长 ② 缺乏灵活性 ③ 管理费用高

集中型采购组织适用于下属经营部门之间所采购的产品相同或相似的企业。

(3) 混合型采购组织。混合型采购组织是企业设立采购部门,同时各个部门也独立进行采购活动的采购组织形式。采购总部和各部门的采购有着明显的分工,采购总部主要负责战略采购部分(制定采购战略,分析供应市场,供应商资格与谈判,维护采购道德),各个部门采购负责策略性采购(发订单,跟踪订单,收货)。混合型采购组织的结构如图 1-12 所示。

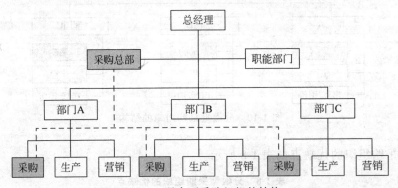

图 1-12　混合型采购组织的结构

混合型采购组织的结构形式结合了分散型和集中型两种采购组织的优点,能够做到分散和集中的有效结合。适用于技术性采购、大宗采购或国际采购由企业执行,零星采购、区域采购、紧急采购由部门执行的情况。

(4) 跨职能采购小组。跨职能采购小组是采购组织中比较新颖的一种采购组织形式,它通常是为一个特定的采购项目或者连续性的采购任务而组建的,由研发、采购、生产、营销、计划、质量、财务等职能部门的成员共同组成的采购团队。跨职能采购小组的结构如图 1-13 所示。

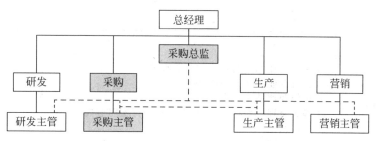

图 1-13 跨职能采购小组的结构

跨职能采购小组的优缺点如表 1-10 所示。

表 1-10 跨职能采购小组的优缺点

优　　点	缺　　点
① 减少完成任务所需要的时间 ② 提高企业的创新能力 ③ 共同享有决策权 ④ 密切了部门或组织之间的交流	① 给组织效率带来损失 ② 糟糕的群体决策 ③ 个人意见受到压抑

跨职能采购小组适用于跨国企业、大型集团企业、专业且成熟的采购企业。

案例分享　　　　　　　　**IBM 公司的跨职能小组**

1992 年,IBM 进行了采购重组,IBM 的新采购结构是跨职能的采购形式。IBM 的采购结构采用了一个与供应商的单一联系点(商品小组),由这一商品小组为整个组织提供对全部部件需求的整合。合同的订立是在公司层面上集中进行的。然而,在所有的情况下,业务的采购活动都是分散的。采购部件和其他与生产相关的货物是通过分布在全球的采购经理组织的。这些经理对某些部件组合的采购、物料来源和供应商政策负责。他们向首席采购官(CPO)和自己的经营单位经理汇报。经营单位经理在讨论采购和供应商问题以及制定决策的各种公司业务委员会上与 CPO 会晤。CPO 单独与每一个经营单位经理进行沟通,以使公司的采购战略与单独的部门和经营单位的需要相匹配。这保证了组织中的采购和供应商政策得到彻底整合。IBM 通过这种方法将其巨大的采购力量和最大的灵活性结合在一起。

1.3.3 采购组织职能

采购组织职能是指采购组织在企业分工与合作中的责任,主要包括采购职能、执行职能、管理职能和支持职能,如表 1-11 所示。

表 1-11 采购组织职能

工作职能	职能说明
采购职能	① 制订采购计划和采购预算 ② 制定采购政策及制度 ③ 明确每位采购人员的任务和完成期限 ④ 使用绩效考核管理工具,追踪采购过程 ⑤ 完成企业各阶段不同的采购指标,适时、适量供应物料

续表

工作职能	职能说明
执行职能	① 执行企业的采购理念和相关政策 ② 执行企业下达的采购任务 ③ 选择和评估供应商 ④ 确定合理的库存量，并对库存量进行实时监控 ⑤ 采购谈判 ⑥ 签订采购合同
管理职能	① 采购部组织结构设计与调整 ② 采购人员的招聘和培训管理 ③ 采购绩效考核管理 ④ 采购成本管理
支持职能	① 为产品研发提供最新的用料规格、性能、价格等资料 ② 为生产部适时、适量、适质地提供物料 ③ 为人事部(培训部)提供培训建议 ④ 协助品质部进行物料验收 ⑤ 为销售部提供材料成本资料，协助销售部进行产品定价 ⑥ 为仓储部提供及时的采购信息和入库信息 ⑦ 为财务部提供采购成本信息，寻找降低采购成本的方法

1.3.4　采购岗位职责

设置采购岗位与企业采购组织的内部结构相关，实质上是对采购部门进行的内部分工。企业可以根据自身规模的大小，按照采购管理功能、采购的品类、采购的地区、采购的渠道等各种因素来考虑采购部门需要设置多少岗位、设置哪些岗位，并赋予每个岗位什么样的职责。

下面以采购管理职能设置采购岗位为例，说明如何设置采购岗位，如何明确采购岗位职责。

(1) 设置采购岗位。根据采购作业流程，将采购计划、供应商管理、采购合同、采购进度控制、采购质量、采购结算、采购成本控制、采购绩效等管理工作分别由不同人员负责，由此设置不同的采购岗位。按照采购管理职能设置的采购部门组织结构如图1-14所示。

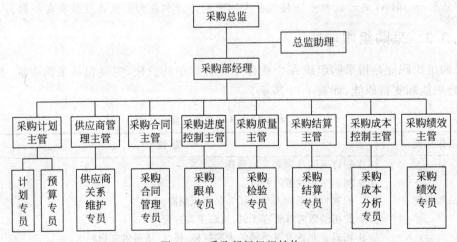

图1-14　采购部门组织结构

采购部组织结构

采购岗位设置

（2）明确采购岗位职责。从图 1-14 中可以看出，企业按照采购管理职能在采购部下设了 8 个分部，每个分部专司一项采购管理职能，从管理层次上分为采购总监、采购经理、采购主管和采购专员 4 级。确定采购岗位后，还要明确每个岗位的职责。主要采购岗位职责如表 1-12 所示。

表 1-12　主要采购岗位职责

序号	采购岗位	具体职责
1	采购总监	① 参与企业规划目标、规章制度、重点工作计划的制订，并组织贯彻执行 ② 根据企业经营目标制定采购战略规划，为重大采购决策提供建议和信息支持 ③ 组织制定采购部相关规章制度、工作规范和工作计划，并监督、检查执行情况 ④ 审核采购工作计划的制订、分解、实施及考核，并准确传达和执行企业的指导精神 ⑤ 汇总、审核下级上报的月度预算，并参加企业月度预算分析和平衡会议 ⑥ 审查部门预算外的临时性采购需求，审核临时采购计划，报总经理批准后执行 ⑦ 组织建立物资采购的供应系统，多方面开拓供应渠道，并对供应商进行管理 ⑧ 指导、监督、考核部门人员，根据工作需要提出人事调整建议，控制部门人事费用和人员编制 ⑨ 完成上级领导交办的其他工作
2	采购经理	① 拟定和执行采购战略，拟定采购部门的工作方针与目标 ② 制订采购计划，保证满足经营活动需要，降低库存成本 ③ 编制年度采购预算，报批后监督实施 ④ 全面负责规划、指导和协调企业所需物资及相关服务的采购工作 ⑤ 组织对采购物品国内外市场行情进行跟踪，并预测价格变化趋势 ⑥ 寻找物料供应来源，调查和掌握供应渠道 ⑦ 负责采购物流、资金流、信息流的相关管理工作 ⑧ 参与协调采购、提货、供应工作 ⑨ 参与开发、选择、处理与考核供应商，建立供应商档案管理制度 ⑩ 负责采购合同的制定、审核、签署与监督执行 ⑪ 负责废料、质量事故的预防与处理 ⑫ 控制采购成本和费用，审核采购订单和物资调拨单 ⑬ 向企业管理层提供采购报告 ⑭ 负责采购人员的绩效、培训等管理工作 ⑮ 负责本部门的日常管理工作，以及与其他部门的协调工作 ⑯ 完成上级交办的其他工作

续表

序号	采购岗位	具 体 职 责
3	采购主管	① 分派、指导、监督采购人员的日常工作 ② 编制单项物资的采购计划,并监督实施 ③ 在采购部经理的指导下,参与编制采购预算,并控制采购费用 ④ 参与供应商信息的分析以及供应商的选择与评估工作 ⑤ 签订和送审小额采购合同 ⑥ 协助采购稽核员规范采购政策和行为,确保公司利益 ⑦ 制作物资入库相关单据,积极配合仓储部保质保量地完成采购物资的入库 ⑧ 编制单项采购活动的分析总结报告 ⑨ 完成上级交办的其他工作
4	采购专员	① 了解和掌握市场行情,做好公司有关物料的采购工作 ② 严格执行公司的采购计划,做好订单的下达工作,确保所采购的物料符合规格和要求,质量要有保证 ③ 编制采购进度计划,并做好交货期的控制工作 ④ 做好物料市场的行情调查 ⑤ 查证进料的品质与数量 ⑥ 处理进料品质和数量异常 ⑦ 与供应商就有关交货期、交货量进行沟通协调

1.3.5　配置采购人员

企业根据岗位职责要求,确定岗位的任职资格,据此配置相应的采购人员。每一个岗位的任职资格包括入职条件、专业知识、职业能力、专业能力和职业素养 5 个方面,因此构成了岗位素质模型,即岗位胜任力模型。采购总监、采购经理、采购主管和采购专员的岗位素质模型如图 1-15～图 1-18 所示。

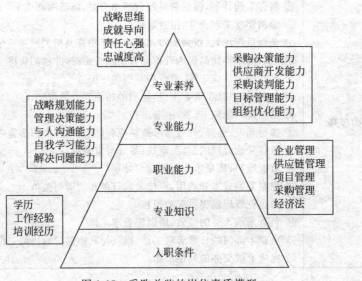

图 1-15　采购总监的岗位素质模型

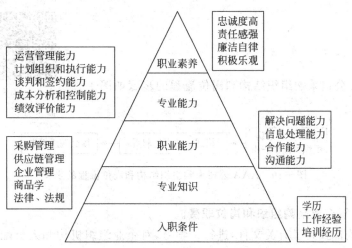

图 1-16 采购经理的岗位素质模型

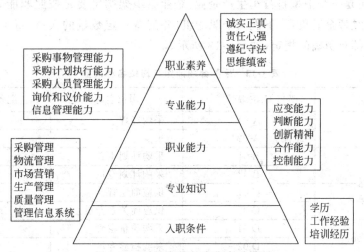

图 1-17 采购主管的岗位素质模型

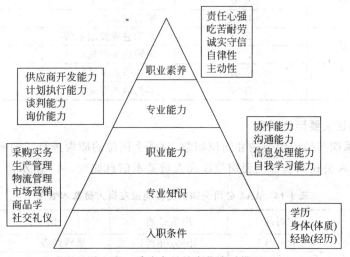

图 1-18 采购专员的岗位素质模型

企业采购人才
需求分析

任务实施

认知 AAA 公司采购组织结构和岗位流程的步骤如图 1-19
所示。

图 1-19　AAA 公司采购组织结构和岗位流程的步骤

步骤 1：了解企业采购组织和岗位职责。

小张在采购部找到了有关文件，进行了学习，对企业组织机构和人员配备，以及每个岗位的职责和要求都有了清晰地认识。

AAA 公司是一个中型自行车生产企业，企业组织架构主要是按照职能划分进行设置。采购部由采购经理全面负责，下设 7 个职能组，并配备一定数量的人员，每个岗位的岗位职责和任职条件都有明确的规定，如表 1-13 所示。

表 1-13　采购部职能组与岗位名称设置

职能组	职位编号	岗位名称	配备人员数量
采购	A-01	采购经理	1
	A-02	采购专员	1
采购计划	B-01	采购计划主管	1
	B-02	采购计划专员	1
供应商管理	C-01	供应商主管	1
	C-02	供应商关系专员	1
采购质量控制	D-01	采购质量主管	1
	D-02	采购检验专员	1
采购成本控制	E-01	采购成本主管	1
	E-02	采购成本专员	1
	E-03	采购结算专员	1
采购进度控制	F-01	采购进度控制主管	1
	F-02	采购跟单专员	1
采购绩效	G-01	采购绩效主管	1
	G-02	采购绩效专员	1

步骤 2：描述主要岗位职责。

小张参照采购部的组织架构和岗位职数，对每个岗位的职责进行了调研，确定了各个岗位的职责。AAA 公司采购部主要岗位在岗人员基本信息如表 1-14 所示。

表 1-14　AAA 公司采购部主要岗位在岗人员基本信息

姓　名	性别	入职时间	出生日期	岗　　位	岗位级别
李翔飞	男	2013/03/12	1986/06/03	采购经理	管理级
任　杰	男	2012/04/23	1985/07/05	供应商主管	管理级

续表

姓　名	性别	入职时间	出生日期	岗　位	岗位级别
王　洪	男	2012/05/26	1984/10/11	采购计划主管	管理级
杨景天	男	2011/06/09	1986/12/07	采购质量主管	管理级
陈　平	女	2010/01/05	1984/10/10	采购成本主管	管理级
李　云	女	2011/02/08	1983/05/09	采购进度控制主管	管理级
孔　凡	男	2010/08/12	1982/01/19	采购绩效主管	管理级
赵志强	男	2015/05/23	1989/11/12	采购计划专员	操作级
张志东	男	2016/08/17	1992/07/26	采购专员	操作级
宋佳琪	女	2016/02/04	1994/01/20	供应商关系专员	操作级
杨　洋	男	2016/01/09	1993/07/20	采购检验专员	操作级
张思慧	女	2015/08/06	1990/11/11	采购成本专员	操作级
王　青	女	2015/07/01	1991/06/05	采购结算专员	操作级
胡　天	男	2016/01/05	1991/03/05	采购跟单专员	操作级
徐　佳	女	2014/05/08	1989/02/02	采购绩效专员	操作级

步骤 3：提交调研报告。

小张运用采购组织和岗位的理论知识，梳理了采购部的组织架构和岗位职数，并对每个岗位的职责进行了说明，向采购部经理提交了一份完整的调研报告。

任务训练：描述采购岗位职责

训练目的：通过此次训练，使学生掌握采购组织结构图绘制，掌握主要采购人员岗位职责。

训练方式：以小组为单位完成实训任务，在采购管理系统中完成任务训练。

训练环境：综合实训室（学生每人有一台可上网的计算机，桌椅可拼接），安装采购管理系统软件。

训练内容：JSJ 公司采购主管赵宇豪对小李扎实的基本功很满意。他安排小李根据采购部的组织架构将以下岗位人员的信息录入采购管理系统中。

JSJ 公司采购部在岗人员基本信息如表 1-15 所示。

表 1-15　JSJ 公司采购部在岗人员基本信息

姓　名	性别	入职时间	出生日期	岗　位	岗位级别
赵宇豪	男	2013/06/23	1987/08/13	采购主管	主管级
林志飞	男	2016/11/12	1990/06/16	采购计划专员	操作级
王佳荣	男	2017/01/13	1993/03/21	采购专员	操作级
许雅新	女	2017/03/18	1993/05/12	供应商关系专员	操作级
曾小伟	男	2016/06/30	1991/07/28	采购检验专员	操作级
刘　军	男	2015/03/16	1990/12/03	采购成本专员	操作级
黄志忠	男	2014/04/08	1990/04/16	采购结算专员	操作级
张　丹	女	2016/07/10	1993/09/10	采购跟单专员	操作级
陆　阳	男	2014/03/17	1991/09/07	采购绩效专员	操作级
李飞旭	男	2015/07/12	1992/07/21	采购检验专员	操作级

训练要求：以小李的身份绘制采购组织结构图,描述每个采购岗位职责,如采购主管、采购专员、采购计划专员等,并将以上岗位人员的信息录入采购管理系统。

　1.3任务工作单　　　　　1.3任务检查单　　　　　1.3任务评价单

学 习 总 结

　　本项目主要介绍了采购与供应、采购与供应管理、采购业务流程、采购组织和采购岗位5个关联性较强的基础知识。

　　采购有广义和狭义之分,狭义的采购就是购买,广义的采购是指除以购买的方式获取商品以外,还可以通过各种不同的途径,包括购买、租赁、借贷、交换等方式,取得商品或劳务的使用权或所有权。不同的采购主体(个人、企业、政府和非营利性组织)可以通过一定的采购方式(如集中采购、招标采购、电子采购、国际采购等)对采购客体(原材料、辅助材料、半成品、零部件、成品、机器设备、工具以及 MRO 等)进行采购。采购是企业获得经营利润的重要源泉,在企业中具有重要的地位和作用。

　　从供应链的角度,供应是为企业提供物资和劳务的环节。供应商按照企业的采购需求准时交付符合要求的资源,是企业重要的合作伙伴。采购与供应两个环节相辅相成。从企业内部供应链来看,采购部门要为生产、仓储等部门提供资源,从企业外部供应链来看,采购部门要从供应商采购资源。因此,采购与供应管理是对企业采购作业过程管理与供应商管理的统一,是供应链环境下采购管理的延伸与拓展。

　　企业采购按照"分析采购需求、制订采购计划、寻找供应商、进行采购洽谈、签订采购合同、下达采购订单、催货验货、支付货款、采购评价、采购归档"一系列环节进行。在这个过程中,采购部门对整个采购过程进行计划、组织、协调、控制和指挥。

　　采购部门是企业为了实现采购与供应管理的目标,有效地实施采购与供应管理活动而设置的职能部门,是采购组织的具体形式。从企业整体组织架构来看,采购组织有分散型采购组织、集中型采购组织、混合型采购组织、跨职能采购小组 4 种类型,每种类型的采购组织都各有利弊和适应性,企业应根据自身的情况和特点进行选择。从采购组织内部构成来看,企业要按照一定的方式规划采购部门内部的分工,设置采购岗位,明确岗位职责,配置相应的采购人员。

学 习 测 试

一、单项选择题

1. 以下选项中,(　　)可以说是最普遍的采购途径。

　　A. 以货币换取物品　　　　　　　　B. 租赁

　　C. 借贷　　　　　　　　　　　　　D. 交换

2. 下列不属于有形物品采购范围的是(　　)。

 A. 织布用的面纱　　　B. 清洁用具　　　C. 催化剂　　　D. 维护

3. (　　)是指直接进入产品的生产用原材料、零部件以及半成品等。

 A. NON-BOM　　　　　　　　　B. Resale Product

 C. BOM　　　　　　　　　　　　D. NPR

4. 以下(　　)属于无形采购对象。

 A. 工程发包　　　B. 原料　　　C. 辅料　　　D. 事务用品

5. 从世界范围来说,一个典型的企业的采购成本(包括原材料、零部件)要占(　　)。

 A. 40%　　　B. 50%　　　C. 60%　　　D. 70%

6. 以汽车为例,20 世纪 50 年代的开发周期约为 20 年,70 年代缩短为 10 年,80 年代缩短为 5 年,90 年代则进一步缩短为 3 年左右,这说明采购管理具有(　　)的作用。

 A. 对产品设计与革新的贡献　　　B. 产品标准化

 C. 提高企业部门之间的协作水平　　　D. 增强柔性

7. 下列属于网上采购的是(　　)采购。

 A. 比价　　　B. 询价　　　C. 招标　　　D. 电子

8. 集中型采购组织的优点是(　　)。

 A. 对市场反应灵敏　　　B. 补货及时

 C. 形成交叉采购　　　D. 专业化水平高

9. 对采购与采购管理之间的关系,表述不正确的是(　　)。

 A. 采购本身涉及具体管理工作　　　B. 采购属于采购管理

 C. 采购管理可直接管理到具体的业务　　　D. 采购和采购管理完全不一样

10. 采购管理的最基本的目标是(　　)。

 A. 为企业提供所需要的货物　　　B. 尽可能降低采购成本

 C. 使库存降到最低限度　　　D. 保证采购物料的质量

11. 一个完整的采购流程是由需求确定与采购计划制订、(　　)、定价、拟定并发出订单、订单跟踪及催货、验货与收货、发票与支付货款、记录维护组成,缺一不可。

 A. 供应商搜寻与分析　　　B. 竞争性报价

 C. 谈判　　　D. 发出采购意向

12. 下列(　　)不属于采购重点。

 A. 供应商地点　　　B. 产品价格

 C. 质量　　　D. 交货时间和方式

13. 下列选项中,属于集中型采购组织的缺点的是(　　)。

 A. 规模经济效益　　　B. 采购业务的协调

 C. 会诱发部门之间的对抗和冲突　　　D. 采购业务的控制

14. (　　)的采购结构对于拥有经营单位结构的跨行业公司特别有吸引力。

 A. 分散　　　B. 集中　　　C. 集中/分散　　　D. 组合

15. 按采购(　　)分类可以使采购人员对其经办的项目非常专精,比较能够发挥"熟能生巧"以及"触类旁通"的效果。

 A. 过程　　　B. 区域　　　C. 价值　　　D. 物品

16. 对于 100 万元的年采购额和 10 亿元的年采购额所要求的组织结构是不同的,下列说法错误的是(　　)。

    A. 前者可能老板会自己决策

    B. 前者需要资深采购专家进行战略定位把握方向

    C. 后者需要具备采购专业知识的采购人员专职操作

    D. 后者需要公司成立采购中心集中采购

17. 营业额为 5 000 万美元以上的企业,其采购部门的直接主管是(　　)。

    A. 财务经理　　　　　　　　　　B. 执行副总经理

    C. 副总经理　　　　　　　　　　D. 总经理

18. (　　)是落实采购行为的执行者。

    A. 采购部门　　　B. 采购员　　　C. 采购机构　　　D. 采购组织

19. 很多跨国公司的采购组织通过(　　)使采购、开发、设计和执行、制造流程确保一致,实现经营战略和商品管理的集中化。

    A. 分散型采购组织　　　　　　　B. 集中型采购组织

    C. 跨职能采购小组　　　　　　　D. 集中/分散型采购组织

20. 某企业采购部门按采购产品类别分别设立原料、燃料、设备、办公用品、维修 5 组,而原料又细分为铅、铜、化学品、电器及机械,交由不同的采购人员承办。这种采购部门建立的方式属于(　　)。

    A. 按采购过程不同分类　　　　　B. 按采购区域不同分类

    C. 按采购价值不同分类　　　　　D. 按采购物品不同分类

二、多项选择题

1. 下列属于采购的有(　　)。

    A. 租赁　　　　　　　B. 交换　　　　　　　C. 借贷

    D. 用人民币购买衣服　　E. 用外汇购买石油

2. 根据采购输出的结果可分为(　　)。

    A. 工业采购　　　　　B. 有形采购　　　　　C. 无形采购

    D. 消费采购　　　　　E. 开发采购

3. 按照国际惯例,政府采购包括(　　)。

    A. 国际招标　　　　　B. 国内招标　　　　　C. 货物采购

    D. 工程采购　　　　　E. 服务采购

4. 属于分散型采购组织的优点的有(　　)。

    A. 对利润中心直接负责

    B. 对内部用户更强烈的顾客导向

    C. 较少的官僚采购程序

    D. 与供应商直接沟通

    E. 更少的内部协调

5. 采购行为是由以下(　　)因素决定的。

    A. 采购质量　　　　　　　　　　B. 采购成本

    C. 采购效果　　　　　　　　　　D. 采购效率

6. 通过（　　）环节可以间接降低采购成本。

　A. 供应商参与产品开发和过程开发

　B. 与供应商共同开展改进项目

　C. 缩短供应周期

　D. 定期谈判

　E. 循环使用原材料包装

7. 下列关于采购流程的说法，正确的有（　　）。

　A. 采购流程又称采购作业流程

　B. 采购流程是详细论述采购部门职责或任务的运营指南

　C. 采购流程是采购管理中最重要的部分之一

　D. 采购流程是采购活动具体执行标准

　E. 采购流程是有效采购管理的制度性保障

8. 采购业务流程一般包括（　　）等环节，每个环节有其对应的采购活动。

　A. 采购需求　　　　　　B. 采购计划　　　　　　C. 采购谈判

　D. 采购执行　　　　　　E. 采购控制　　　　　　F. 采购评价

9. 一般来讲，采购在企业组织中所处的管理阶层主要受到以下（　　）因素的影响。

　A. 采购金额　　　　　　B. 采购的物品及劳务的性质

　C. 获取难易　　　　　　D. 对人员素质的要求

　E. 采购对企业目标的影响

10. 关于采购任务、职责和权力的分配，有以下（　　）需要加以区分。

　A. 操作层次　　　　　　B. 战略层次　　　　　　C. 战术层次

　D. 业务层次　　　　　　E. 决策层次

三、判断题

1. 采购活动是一个孤立的业务活动。（　　）

2. 采购管理着眼于企业内部、企业和其他供应商之间持续改进采购过程。（　　）

3. 从供应的角度，采购是整个供应链管理中"下游控制"的主导力量。（　　）

4. 采购的基本功能就是帮助人们从资源市场获取他们所需要的各种资源。（　　）

5. 办公室等建筑物的营造与修缮属于有形采购。（　　）

6. 采购不是一个商流，而是一个物流。（　　）

7. 按照采购物品分类是最常使用的采购部门建立的方式。（　　）

8. 解决集中型采购组织的缺点问题的最佳办法是发挥采购职能主动性。（　　）

9. 对于供应商来说，与一个集中的采购部门联系比与一大批单独的部门或工厂联系要方便得多。（　　）

10. 采购部门独立于生产部门之外，比较能对使用单位产生制衡作用，发挥议价的功能。（　　）

四、案例分析题

东方俱乐部的采购体系

东方俱乐部是一家健身俱乐部，在北京有 19 家健身中心，总部在海淀区。俱乐部是私人所有，有 15 年的历史。俱乐部没有专门的采购部门，只有一位专门负责采购事务的人员。

1. 俱乐部原有的采购体系

俱乐部下属的健身中心负责自己的采购事项，绝大多数采购中心没有库存，而是随需随买，总部采购人员只负责记录各健身中心的采购与库存。

2. 目前实施的集中采购体系

经过调查分析，俱乐部的采购人员认为，以前的采购体系问题很大，应该采取集中采购体系，这样可以为俱乐部节省一大笔开支。俱乐部寻找一家供应商，专门供应卫生用品，这样可以享受到价格优惠。俱乐部的集中采购体系把所有的采购集中到总部，各健身中心根据自己的采购需要，填一份请购单，然后传真给俱乐部总部，每天在下午 5 点截止。各健身中心需要的物资会在下周一送到。采购人员如果发现请购物品不合适有权否决或削减采购量。每个健身中心有 1 000 元的现金用于紧急采购。

3. 实施中的困难

新的采购模式实施一个月后，受到了来自健身中心的阻力，有 3 家健身中心联合起来拒绝接受新的采购体系。

案例问题：

(1) 分析东方俱乐部原有采购模式中存在的问题。

(2) 为什么集中采购模式受阻？

(3) 请为东方俱乐部提出解决方案。

学 习 案 例

华为公司的采购与供应管理

作为网络管理倡导者、实践者和领先者的华为技术有限公司（以下简称华为公司）为了建立国际竞争力，不惜高价从知名的跨国公司 IBM 请来顾问，帮助建立自己的采购系统，以求更好发展。

1. 华为公司采购组织结构

华为采购部建立了物料专家团（commodity expert group，CEG），各 CEG 负责采购某一类或某一族的物料满足业务部门、地区市场的需求。按物料族进行采购运作的目的是在全球范围内利用华为的采购杠杆。每个 CEG 都是一支跨部门的团队，通过统一的物料族策略、集中控制的供应商管理和合同管理提高采购效率。华为公司采购组织结构简图如图 1-20 所示。

2. 介入产品开发和投标

CEG 和华为的技术与认证中心，在华为研发和供应商之间架起了沟通的桥梁，推动供应商早期参与华为的产品设计，来取得双方的技术融合以及在成本、产品供应能力和功能方面的竞争优势。

华为的工程采购部（customer solution procurement，CSP）与华为销售和行销一起积极地参与客户标书的制作。参与市场投标将使采购部了解到客户配套产品的需求，在订单履行过程的早期，充分了解华为向客户做出的承诺，以确保解决方案满足客户需求并能够及时交付。

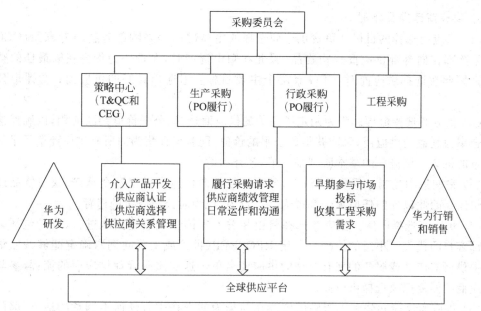

图 1-20 华为公司采购组织结构简图

3. 采购需求履行

生产采购和行政采购负责日常采购运作以及与供应商和内部客户的沟通,及时处理采购请求和解决双方的问题,从而提高供应商的表现和内部客户满意度。同时,华为也关注于不断提高采购履行流程的自动化程度,让采购执行人员有更多的机会积极地参与物料族采购策略的制定。

4. 采购管理核心价值观

努力争取全面了解华为公司和供应商的能力、要求和需求;积极阐明华为公司和供应商的观点,促进各层面和各部门之间的沟通、诚信和团队精神。

在技术、价格、质量、交货、响应、速度以及创新等方面,努力获得竞争;不断提升和保护华为的利益;推动华为采购业务的持续改进和有效实施。

5. 供应商认证流程

华为致力于向所有潜在供应商提供合理、平等的机会,让大家能够展示自己的能力。潜在供应商各种方式的垂询都将转给采购部进行回复。

如果华为和供应商都有意开拓业务关系,华为采购部会要求潜在供应商完成调查问卷。在接到调查问卷并进行评估后,华为将知会供应商评估结果。如果华为有兴趣和供应商进行合作,再启动后续的认证步骤。

后续认证可能需要和供应商面谈,讨论供应商对调查问卷的回复。根据面谈的结果,决定是否需要现场考察。然后可能需要进行样品测试和小批量测试,确保供应商的产品满足规格要求,产能满足需求。认证的结果将知会供应商。在发生采购需求时,通过认证的供应商将作为候选供应商进入供应商选择流程。

6. 供应商选择及评定

(1) 供应商选择的目标。负责供应商选择的主体部门是采购部各物料专家团(CEG)。华为采购部在向外部供应商采购物品、服务和知识资产时,有责任为华为获取最佳的整体价值。因此在选择供应商时,CEG 有两个主要目标:①选择最好的供应商;②评定公平价值。

(2) 供应商选择流程。华为制定了完善的供应商选择、公平价值判断流程,以确保选择最符合华为利益的供应商,采购获得最公平的价值,同时保证华为向所有供应商给予平等赢得生意的机会。该流程的基本原则是公平、公开和诚信。

(3) 采购集中控制。采购是公司内部唯一授权向供应商做出资金承诺,获得物品或服务的组织。除此以外的任何承诺都视为绕过行为,视为对公司政策的违背。

(4) 供应商选择团队。供应商选择将由相关专家团主任组建团队进行,成员包括采购和内部客户的代表。小组的使命是制定 RFQ/RFP(报价或采购问询),确定能够按照华为要求提供所需产品或服务的现有合格的供应商名单。这支团队管理供应商的流程,参与评估供应商的回复以及选择供应商。

(5) 供应商反馈办公室。如果供应商在与华为的交往中有任何不满意的地方,部门的帮助中心负责收集供应商的反馈和投诉。

7. 供应商绩效评估

华为采购部制定了供应商评估流程,定期向供应商提供反馈。该流程包括相关专家团正式的绩效评估。供应商的绩效将从技术、质量、响应、交货、成本和合同条款这几个关键方面进行评估。评估流程的目的在于给双方提供开放沟通的渠道,以提升彼此的关系。同时,华为鼓励供应商向华为反馈,站在客户的角度评价华为,这些评价信息将用于改善彼此的业务关系和华为内部的业务运作。

8. 着手电子化交易

电子化交易就是"在网上进行买卖交易"。其内涵是企业以电子技术为手段,改善经营模式,提高企业运营效率,进而增加企业收入。电子化交易可以让企业得到更多的供应商资源,充分了解供应市场状况,更好地收集市场信息,使采购策略立足于事实基础上。

华为正在着手实现从"采购请求"到"付款"全流程的自动化。希望供应商统一行动,并参与电子采购的使用,将其作为主要的沟通和交易平台。此外,华为还在预测/订单状态、RFI/RFQ/RFP,供应商评估等方面与供应商进行电子化的合作。这给华为和供应商双方带来收益,有助于提高效率,降低交易运作成本。

9. 华为的业务行为准则

(1) 诚信和道德标准。华为的政策是与供应商和其他任何有业务关系的客户进行公平往来,遵守商业道德。任何时候,如果供应商感觉该政策的执行打了折扣或背道而驰,请将担忧向华为供应商反馈办公室反映。华为将本着"尊重事实、谨慎周密"的原则进行调查处理,并替反馈人保守秘密。

(2) 保密。采购部会保护华为自身的机密信息或与供应商/客户签署的保密协议所涉及的信息。华为与每个供应商和潜在供应商的关系,在华为看来都是仅限于双方之间的业务。华为会负责地对待从供应商处获取的信息,华为的员工必须避免因为疏忽大意获取或透露另一方的保密信息。

10. 与供应商之间的沟通

华为相信,只有良好的沟通才能培育出良好的合作关系。华为提供多样化的沟通渠道,以使华为和供应商进行开放的对话与讨论。

(1)单一接口。每个物料专家团内部都有供应商接口人,负责与供应商的接口和沟通,处理供应商与华为来往过程中可能碰到的任何问题和疑问。相应地,也要求供应商通过这个单一的接口与华为接触。通过这一渠道,专家团会将所有可能影响供应商业务的采购策略和计划传达给供应商。

(2)供应商反馈受理。华为设立供应商反馈办公室,主要是为了处理所有与采购相关的问题,包括供应商针对华为员工或某部门的不公平行为和不道德行为的投诉等,供应商可以坦诚地让华为知悉自己的顾虑,同时也帮助华为遵守其诚信的承诺,此举的目的在于促进与供应商更为开放、有效的关系。

学 习 评 价

核心能力评价

通过本项目学习,你的	核心能力	是否提高
	信息获取能力	
	自我表达能力	
	与人沟通能力	
	团队合作能力	
	解决问题能力	
	自主学习能力	

自评人(签字)	教师(签字)
年 月 日	年 月 日

专业能力评价

通过本项目学习,你	能/否	准确程度	专业能力目标
			分析企业采购情况
			绘制采购流程图
			设置采购岗位
			描述采购人员的岗位职责

自评人(签字)	教师(签字)
年 月 日	年 月 日

专业知识评价

	能/否	精准程度	知识能力目标
通过本项目学习,你			掌握采购的基本含义
			掌握采购的主体与客体
			掌握典型的采购方式
			理解采购的作用
			从供应链视角理解采购与供应的关系
			熟悉采购流程
			熟悉采购岗位以及岗位职责

自评人(签字)　　　　　　年　月　日	教师(签字)　　　　　　年　月　日

分析采购需求

学习目标

【知识目标】

1. 掌握采购规格的基本内容。

2. 掌握 SWOT 分析法的基本原理。

3. 掌握市场结构分析法的基本原理。

4. 掌握 PEST 分析法的基本原理。

5. 掌握五力模型分析法的基本原理。

6. 掌握供应商调查的内容。

7. 掌握调查问卷的设计和使用方法。

8. 掌握调查报告的格式和内容。

【能力目标】

1. 能够描述采购需求,编制采购需求表。

2. 能够运用市场分析工具分析供应市场。

3. 能够设计供应商调查问卷。

4. 能够撰写供应商调查报告。

【素质目标】

1. 具备敏锐的洞察力。

2. 具有分析问题能力。

3. 具有较强的写作能力。

4. 具有资料整合能力。

5. 具有开拓创新能力。

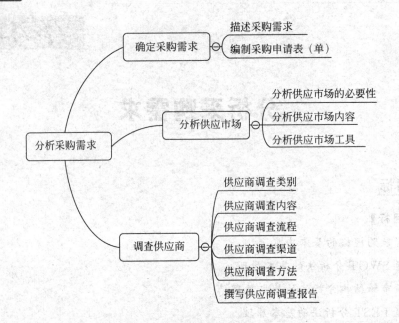

任务 1　确定采购需求

任务描述

　　AAA 公司主要生产普通自行车(型号:26 寸,1 寸=3.33cm)以及变速自行车,组装自行车的某些零部件需要外购。为保证来年第一季度普通自行车的生产,2019 年 10 月 12 日,生产部向采购部提交了请购需求,相关零部件详细信息如表 2-1 所示。

表 2-1　生产部请购单

物料编号	品　名	需求日期	需求数量	单　位
5741200021	自行车刹把	2019/11/15	50	对
5741200024	自行车车灯	2019/11/15	50	个
5741200027	自行车外胎	2019/11/15	50	个
5741200035	车轮钢架	2019/11/15	50	个
5741200036	自行车鞍座	2019/11/15	50	个

　　当天,采购经理李翔飞将该请购需求指派给采购计划专员赵志强执行,并安排小张全程跟踪这票业务。赵志强告诉小张,统计采购需求时,必须先向仓储部查询相关自行车零部件库存量,才能制定采购申请单。他安排小张根据请购单信息,向仓储部调取相关零件的库存信息。仓储部反馈结果如表 2-2 所示。

表 2-2　仓储部库存量

物料编号	品　名	库存数量	单位
5741200021	自行车刹把	20	对
5741200024	自行车车灯	0	个
5741200027	自行车外胎	7	个
5741200035	车轮钢架	0	个
5741200036	自行车鞍座	0	个

当日,赵志强编制了一份采购申请单(编号:20191012012)。

要求:使用适当规格对上述物品进行描述,并以采购计划专员赵志强的身份编制采购申请单。

注:AAA 公司的厂房位于北京市通州区张家湾镇土桥西。

任务分析

完成该项任务,需要了解什么是采购需求、如何描述采购需求的内容、采购部门如何根据使用部门提出的采购需求编制采购申请单。

知识准备

确定采购需求是企业制订采购计划的依据。在采购过程中,采购需求是整个采购工作中的操作对象。

2.1.1　描述采购需求

采购需求描述主要由以下 5 个方面的要素构成,如图 2-1 所示。

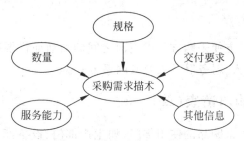

图 2-1　采购需求描述构成

1. 规格

规格通常包括输入规格、功能规格、性能规格和标准规格。

(1)输入规格。输入规格包括详细规格和技术规格。详细规格是对产品的详细描述,包括下列限制性内容:物理特征、设计细节、制造工艺或制造方法等。技术规格是对材料、性质、尺寸、公差等技术方法的描述。

使用输入规格往往因为限制细节太多,带来较高的初始成本,也限制了供应商选择范围,降低采购的灵活性;同时由于输入规格带有很细节的要求,容易出现差错,导致采购价格偏高,竞争力下降。

（2）功能规格。功能规格只描述应该达到的功能或结果,忽略实现所期望功能或结果的过程和方法。功能规格一般只描述产品特征、质量级别和安全级别。

使用功能规格可以提高选择范围,实现价格灵活性,增加潜在供应商数目,给采购组织带来更多的选择。

（3）性能规格。性能规格描述产品的具体性能参数,包括性能指标范围、衡量标准、质量等级与安全级别。

使用性能规格能使采购组织通过采购获取最新技术,同时鼓励供应商提高产品的性能指标。

（4）标准规格。标准规格是采用行业内公认的某些标准来描述产品,如国际标准、欧盟标准、绿色标准、节能标准等。

使用标准规格能为采购组织降低产品的不确定性,无需向供应商说明规格的具体内容,容易比较采购价格,并能提高替代品的数量,降低采购成本。

制定规格时存在的主要问题:①规格过于简单;②规格过于复杂;③规格过于严格;④规格信息不准确;⑤缺乏必要的专业人员、专家参与。

2. 交付要求

交付要求主要包括交付方式、交期、交货地点、运输方式、包装形式等内容。

3. 服务能力

服务能力主要是指供应商对采购方订单的响应能力、技术支持、维护和修理服务等方面的要求。

制定供应商服务能力要求的作用:能够对供应商明确基本服务工作内容、时间期限、所期望的结果、评估绩效和质量标准,避免采购方与供应方因对服务的不同理解产生的纠纷。

4. 其他信息

其他信息主要是为了方便采购方与供应商之间的沟通而需要明确的联系方式,主要包括技术联系人、采购联系人、财务联系人及其联系方式。

2.1.2 编制采购申请表（单）

采购需求来源于具体采购品的使用部门(如生产部门、设备部门、行政部门等),使用部门通过请购单(requisition form)提出采购申请。

采购部门收集和整理请购单,根据企业库存的情况,确定采购需求。采购需求通过采购申请表(单)呈现。

任务实施

编制自行车零部件采购申请单的步骤如图 2-2 所示。

采购需求申请单

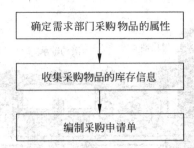

图 2-2　编制自行车零部件采购申请单的步骤

步骤 1：确定需求部门采购物品的属性。

查看生产部提交的请购申请,发现其缺少了相应的物品规格描述。由于不同类型自行车对组装件的要求不同,所以必须确定采购物品的规格。

步骤 2：收集采购物品的库存信息。

在编制采购申请单前,还需要根据库存情况确定最终采购物品的数量,最终采购物品的数量是采购需求与库存数量的差值。

步骤 3：编制采购申请单。

编制的采购申请单见表 2-3。

表 2-3　采购申请单

请购部门	生产部	请购日期	2019/10/12		交货地点	北京市通州区张家湾镇土桥西		单据号码	20191012012	
项次	物料编号	品名	规格		请购数量	库存数量	需求日期	需求数量	单位	技术协议及要求
1	5741200021	自行车刹把			30	20	2019/11/15	50	对	
2	5741200024	自行车车灯			50	0	2019/11/15	50	个	
3	5741200027	自行车外胎			43	7	2019/11/15	50	个	
4	5741200035	车轮钢架			50		2019/11/15	50	个	
5	5741200036	自行车鞍座			50	0	2019/11/15	50	个	

任务训练：编制减速机零部件采购申请单

训练目的：通过此次训练,使学生掌握采购申请单的编制方法。

训练方式：以个人为单位,在采购管理系统中完成训练任务。

训练环境：综合实训室(学生每人有一台可上网的计算机,桌椅可拼接),安装采购管理系统软件。

训练内容：2019 年下半年,JSJ 公司研发了一款新型减速机,为配合新产品的市场推广活动需要生产一批样品,如图 2-3 所示。

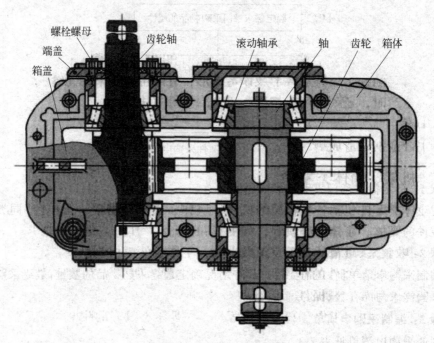

图 2-3　减速机(剖面)结构

生产部根据生产需求,向采购部提交了请购需求,如表 2-4 所示。

表 2-4　生产部请购单

物料编号	品 名	规 格	需求日期	需求数量	单位
2141200021	传动大齿轮	ZLYJ133	2019/12/01	50	个
2141200024	齿轮轴	ZL-Y2	2019/12/01	50	根
2141200027	滚动轴承	ZL-6303	2019/12/01	200	个
2141200035	箱体	ZL-440-2D	2019/12/01	50	个

2019 年 11 月 6 日,采购主管赵宇豪安排采购计划专员林志飞根据生产部的请购单于当日编制一份采购申请单(编号:20191106007),并安排小李学习。

林志飞向仓储部查询相关减速机零部件的库存量,仓储部反馈结果如表 2-5 所示。

表 2-5　仓储部库存量

物料编号	品 名	规 格	库存数量	单位
2141200021	传动大齿轮	ZLYJ133	5	个
2141200024	齿轮轴	ZL-Y2	0	根
2141200027	滚动轴承	ZL-6303	50	个
2141200035	箱体	ZL-440-2D	0	个

请以采购计划专员的身份编制采购申请单。

注：JSJ 公司的工厂位于北京市大兴区荣华中路 5 号。

2.1任务工作单　　　　　2.1任务检查单　　　　　2.1任务评价单

任务 2　分析供应市场

任务描述

根据生产部门的采购需求，采购经理李翔飞指派供应商关系专员宋佳琪分析本次采购物品的供应市场。宋佳琪让小张通过不同的渠道了解供应市场情况，并进行供应市场分析。

任务分析

分析供应市场，需要掌握与供应市场相关的知识，了解分析供应市场的流程；学会运用分析工具对供应市场进行分析。

知识准备

供应市场是企业采购的"货源"聚集地，为了清楚地了解"货源"的情况，必须进行供应市场分析。

供应市场分析主要是供应环境分析，即对供应环境进行全面系统地分析和预测，目的在于为采购战略决策提供依据。

供应环境是指与企业采购管理活动相关的宏观环境因素，供应商所处行业环境因素以及企业内部微观环境因素。

2.2.1　分析供应市场的必要性

1. 采购活动必须了解供应市场

为了获得正确的产品和服务，采购活动必须了解供应市场。供应市场和需求市场的关系如图 2-4 所示。

2. 供应市场中影响市场供给的因素在不断变化

由于在供应市场中影响市场供给的因素在不断变化，这些影响因素对不同物资的影响程度是不同的，因此需要进行供应市场分析，这些因素如图 2-5 所示。

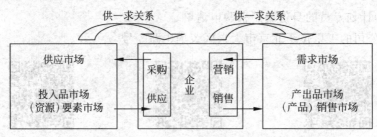

图 2-4　供应市场和需求市场的关系

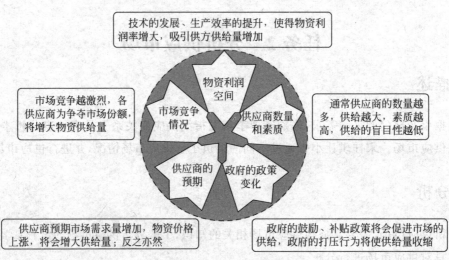

图 2-5　影响市场供给的因素变化

2.2.2　分析供应市场内容

供应市场的分析主要分为宏观经济分析、中观经济分析和微观经济分析,其分析的层次和内容如表 2-6 所示。

表 2-6　供应市场分析的层次和内容

分析层次	分析内容	研究方法	应用领域
宏观层 商务环境	产业范围、产业生命周期、经济增长率、产业政策及发展方向、工资水平及增长速度、税收政策与税率、关税政策与进出口限制、政府体制结构与政治环境等	PEST 分析模型 SWOT 分析模型	采购战略规划
中观层 行业和市场	供求分析、行业效率、行业增长状态、行业生产与库存量、供应市场结构、供应商数量与分布等	五力模型 市场结构	资源战略决策 供应源决策
微观层 商品 供应商 系统流程	供应商的财务状态、组织架构、质量体系与水平、产品开发能力、工艺水平、生产能力与产量、交货周期及准时率、服务质量、成本结构与价格水平	市场调查 供应调查 采购调查	供应商选择 采购流程改进 采购绩效考核

2.2.3 分析供应市场工具

在商业领域,由于不完全的信息开放性和波动性的市场供需关系,企业要准确地预知供方的市场情况是比较困难的,因此采购管理人员应借助适当的分析工具,了解和掌握供方市场信息,以便及时规避风险,最终达到企业采购目标。

常用的市场分析工具包括PEST分析模型、SWOT分析模型、市场结构分析法、五力模型分析、产品市场生命周期分析法等。

1. PEST分析法——宏观环境分析工具

PEST分析模型是宏观环境分析的基本工具,用于分析企业所处的宏观环境对战略的影响。

(1)宏观环境因素分析。对宏观环境因素作分析,不同行业和企业根据自身特点与经营需要,分析的具体内容会有差异,但一般都应对政治、经济、技术和社会这四大类影响企业的主要外部环境因素进行分析。

(2)构建分析模型。PEST分别代表4类影响企业战略制定因素的英文单词首位字母缩写:政治因素(political)、经济因素(economic)、社会因素(social)和技术因素(technological)。

PEST分析模型如图2-6所示。

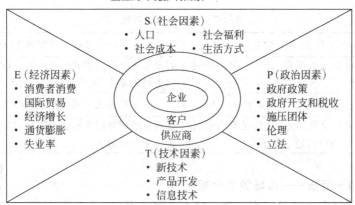

图2-6 PEST分析模型

 知识链接 PESTEL 分析模型

PESTEL分析模型如图2-7所示。

2. SWOT分析法——宏观环境分析工具

SWOT分析模型是宏观环境分析工具,是将与研究对象紧密相关的各项主要内部优势(strengths)、劣势(weakness)和所处环境的机会(opportunities)、威胁(threats)结合起来进行分析,从中得出相应结论,用于指导决策。

(1)内外因素分析。①优势与劣势分析主要着眼于企业自身的实力及其与竞争对手的比较;②机会与威胁分析主要着眼于外部环境变化对企业的影响。

图2-7 PESTEL分析模型

(2) 构建 SWOT 分析矩阵。在供应市场分析中,SWOT 分析模型的应用如图 2-8 所示。

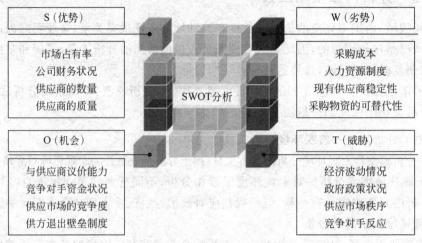

S(优势)		W(劣势)
市场占有率 公司财务状况 供应商的数量 供应商的质量	SWOT分析	采购成本 人力资源制度 现有供应商稳定性 采购物资的可替代性
O(机会)		T(威胁)
与供应商议价能力 竞争对手资金状况 供应市场的竞争度 供方退出壁垒制度		经济波动情况 政府政策状况 供应市场秩序 竞争对手反应

图 2-8　SWOT 分析模型的应用

(3) 根据 SWOT 分析制定策略。运用系统分析的综合分析法,将排列的各种环境因素相互匹配起来加以组合,得出一系列适合企业选择的策略,如表 2-7 所示。

表 2-7　SWOT 分析对策

最小与最小对策(WT 对策)	最小与最大对策(WO 对策)
着重考虑劣势因素和威胁因素,目的是努力使这些因素都趋于最小	着重考虑劣势因素和机会因素,目的是努力使劣势因素趋于最小,机会因素趋于最大
最大与最小对策(ST 对策)	最大与最大对策(SO 对策)
着重考虑优势因素和威胁因素,目的是努力使优势因素趋于最大,威胁因素趋于最小	着重考虑优势因素和机会因素,目的是努力使这两种因素趋于最大

3. 市场结构分析法——市场竞争分析工具

目前,主要的供应市场类型有 4 种:完全垄断市场、寡头垄断市场、垄断竞争市场和完全竞争市场。

SWOT 分析

1) 4 种供应市场的划分

4 种供应市场类型主要是依据买方市场和卖方市场企业的数量进行划分,如表 2-8 所示。

表 2-8　供应市场类型

卖方 ＼ 买方	1 个(垄断)	很少(寡头)	很多(竞争)
1 个(垄断)	双边垄断	卖方垄断	卖方完全垄断
很少(寡头)	买方有限垄断	双边垄断	卖方寡头垄断 垄断性竞争
很多(竞争)	买方完全垄断	买方寡头垄断	完全竞争

2）4种供应市场的特征

4种典型的供应市场具有典型的特征,如表2-9所示。

表2-9　4种供应市场的特征

特　征	完全垄断市场	寡头垄断市场	垄断竞争市场	完全竞争市场
市场特征	只有一个供应商,几乎没有替代品,供应商完全控制价格	供应商数量有限,具有规模效应,市场准入难,行业领导者控制价格	供应商数量不多,采购商数量较多,采购商可能控制价格	大量的供应商和采购商,由市场控制产品价格
产品特征	垄断性产品,如供电、水、气、专利、专有资源、专有技术等	行业巨头垄断的产品,如铁路、石油、电力、电信产品等	差异性较大的产品,如日用消费品、耐用消费品、家用电器等	自由竞争产品,如农产品、轻工产品等
采购特征	重新设计产品	与供应商结成伙伴关系	分析成本,了解供应商的流程	进行长期合同采购

3）4种供应市场的采购策略

（1）完全垄断市场。从产品设计角度出发,采购企业应尽量避免选择卖方完全垄断市场中的产品,如不得已,就要与供应商结成合作伙伴关系。

（2）寡头垄断市场。采购企业最大可能与供应商结成伙伴型的互利合作关系。

（3）垄断竞争市场。采购企业尽可能优化已有供应商并发展成伙伴型供应商。

（4）完全竞争市场。采购企业把供应商看作商业型的供应业务合作关系。

4. 五力模型分析法——企业竞争分析工具

五力模型分析法是分析企业之间的竞争。产品市场的竞争程度会对市场风险和企业销售预期产生影响,从而影响市场的需求情况,同时也会影响企业的采购战略。

美国著名的管理学家迈克尔·波特（Michael Porter）于20世纪80年代初提出了5种影响竞争力的力量。这5种力量分别是供应商的议价能力、购买者的议价能力、潜在竞争者进入的能力、替代品的替代能力、行业内竞争者现在的竞争能力。5种力量的不同组合变化最终影响行业利润潜力变化。供应市场中的五力模型如图2-9所示。

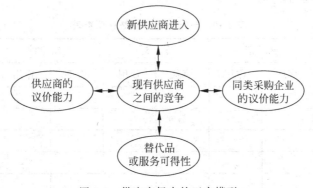

图2-9　供应市场中的五力模型

结合供应市场中的五力模型，需要解决以下几方面的问题。

（1）产业新进入的威胁。进入本地有哪些壁垒？它们阻碍新进入者的作用有多大？本企业怎样确定自己的地位（自己进入或者阻止对手进入）？

（2）供货商的议价能力。供货商的品牌或价格特色，供货商的战略中本企业的地位，供货商之间的关系，从供货商之间转移的成本等，都影响企业与供货商的关系及其竞争优势。

（3）买方的议价能力。本企业的部件或材料产品占买方成本的比例，各买方之间是否有联合的危险，本企业与买方是否具有战略合作关系等。

（4）替代品的威胁。替代品限定了企业产品的最高价，替代品对企业不仅有威胁，可能也带来机会。企业可以采取什么措施以降低成本或增加附加值来降低消费者购买替代品的风险？

（5）现有企业的竞争。行业内竞争者的均衡程度、增长速度、固定成本比例、本行业产品或服务的差异化程度、退出壁垒等，决定了一个行业内的竞争激烈程度。对企业来说，最危险的环境是进入壁垒、存在替代品、由供货商或买方控制、行业内竞争激烈的产业环境。

五力模型

综上所述，分析供应市场需要注意的问题如下。

（1）供应市场分析应由采购人员负责，相关人员共同进行（全球资源部）。

（2）供应市场分析有别于日常工作，应作为独立项目开展。

（3）针对不同物品，供应市场特点不同，供应市场研究的策略方法也各不相同。

（4）进行供应市场分析之前，对要了解的内容制成规范的表格或问卷。

（5）供应市场分析应由本公司进行，不再委托第三方。

（6）进行供应市场分析要尽量利用先进工具，如互联网。

任务实施

自行车零部件供应市场分析的步骤如图 2-10 所示。

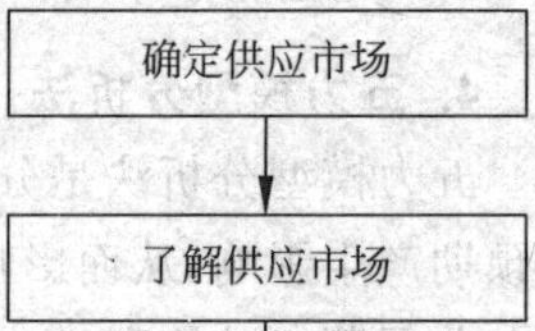

步骤 1：确定供应市场。

使用表格（见表 2-10）了解不同渠道所能提供的信息及发挥的作用，从而确定合适的方向。

```
确定供应市场
    ↓
了解供应市场
    ↓
分析供应市场
```

图 2-10　自行车零部件供应市场分析的步骤

表 2-10　自行车零部件信息调查表

渠　道	刹　把		车　灯		车轮组件		鞍　座	
	信息	作用	信息	作用	信息	作用	信息	作用
行业协会								
政府主管部门								
专业展览会								
互联网								
专业期刊、报纸								

步骤2：了解供应市场。

在前期初步了解的基础上，整合已有的信息，对供应市场进行深入调研，尽可能多地获取分析供应市场所需要的信息。

步骤3：分析供应市场。

运用一种分析工具（如 SWOT 分析、PEST 分析、市场结构分析、五力模型分析）对供应市场进行分析。

任务训练：分析减速机零部件供应市场

训练目的：通过本次训练，使学生掌握供应市场分析工具，能够对减速机零部件供应市场进行调查和分析。

训练方式：以小组为单位分工完成实训任务，每个组员完成相应任务，并署名。

训练环境：校外企业调研或网上调研。

训练内容：JSJ 公司采购主管赵宇豪安排供应商关系专员许雅新带领小李就新型减速机的相关采购需求开展供应市场调研，分析供应市场，做出分析结论。

2.2任务工作单　　　　　　2.2任务检查单　　　　　　2.2任务评价单

任务3　调查供应商

任务描述

AAA 公司采购部的供应商关系专员宋佳琪对所要采购的自行车配件进行供应商调查。通过一定的信息渠道，她了解到一些拟采购的自行车配件供应商的情况。通过分析比较每一种配件的供应商，宋佳琪初步遴选出 3 家供应商。

要求：以供应商关系专员宋佳琪的身份设计供应商调查问卷，分别对 3 家供应商进行调查，将调查数据进行汇总整理，最后出具调查报告。

任务分析

供应商是企业的合作伙伴，是企业所需物资的提供者，供应商的好坏决定着企业产品质量和成本，甚至决定企业的生存和发展。因此，对供应商的调查与选择至关重要。为了完成本任务，需要知道：如何进行供应商调查，调查供应商哪些信息，通过什么渠道和方法可以了解供应商信息，如何呈现供应商调查的结果形成供应商调查报告。

知识准备

供应商调查（supplier survey）是供应商管理的首要工作，主要是了解企业采购的"货源来自谁"。

1. 供应商调查类别

企业根据调查的目的不同，将供应商调查分为 3 类，即初次接触的供应商调查、候选供应商深入调查、合作供应商定期调查。具体内容如表 2-11 所示。

表 2-11　供应商调查类别

项目	初次接触的供应商调查	候选供应商深入调查	合作供应商定期调查
目的	了解供应商的一般情况，为选择供应商做准备	对准备选择为合作伙伴的供应商进行深入仔细地考察	监控供应商行为，提升供应商的供货能力，提高采购质量
内容	了解供应商名称、地址、生产能力、产品、价格、质量运输方式等	深入调查供应商生产线、设备、工艺、质检和管理水平	掌握供应商质量管理计划、新产品开发情况、资信情况、高层领导变动、管理决策等

2. 供应商调查内容

对供应商的调查主要是获取供应商的基本信息，对一般供应商和重要供应商获取的信息有所不同。各类信息如表 2-12 所示。

表 2-12　供应商调查信息一览表

供应商基本信息	一般供应商信息	重要供应商信息
名称、地址、联系方式、联系人（名称）、职位） 工商注册、组织机构代码、资质 企业规模、员工数量、生产品种、生产量等	价格：供应商的报价，折扣情况 质量：质量体系认证情况，产品检验、试用情况，用户的反映 交付：交付的时间、地点、方式、费用等 售后服务：服务时间和方式等	能力：满足要求的能力（管理、设计、创新、工艺等） 产能：产品的产能 承诺：对关键价值要素（价格、质量、交付、服务）的承诺 控制：控制系统（财务、风险、质量等） 现金流：财务状况与稳定性 一致性：可靠的生产过程，质量保证与控制系统 成本：价格、成本结构、全生命周期成本 兼容性：文化、价值观和系统的兼容性 合规性：符合环境、企业社会责任或可持续性等法规 沟通：协作与协调的有效性（人、方式、频率、态度）

3．供应商调查流程

供应商调查工作按照"下达调查指令—明确调查目的—制订供应商调查[遮挡]行调查准备—开展调查工作—编写调查报告—评估调查效果—相关资料归总"的流程展开工作。

供应商资料一览表

4．供应商调查渠道

供应商的信息主要来源于以下渠道。

（1）互联网/在线数据库（the internet / on-line databases）。

（2）公司名录（黄页）和购买者指南［company directories（Yellow Gages）and buyers'guides］。

（3）供应商目录/手册（supplier catalogues/ brochures）。

（4）当前及过去的供应商记录（current and past supplier records）。

（5）采购物资的展览和会议（exhibitions and conferences）。

（6）商业杂志（trade journals）。

（7）商务指南（business directories）。

寻找供应商

📋 **知识链接** 　　　　**到哪儿去寻找合适的供应商**

采购人员要到哪里去寻找符合需求的供应商呢？一般有以下 3 条途径。

（1）电子商务渠道。①从百度上搜索有信誉的供应商。利用百度搜索引擎搜索匹配的供应商，如果发现符合需求的搜索信息是供应商网站，就可以进入网站浏览所需要的产品，并通过网页上面的联系方式联系供应商。②从阿里巴巴"企业集采"中找供应商，这是阿里巴巴专门为采购商精心打造的"一站式"高质量企业采购网站。在这里集聚了海量的品牌供应商和知名原厂。而且每个行业的供应商的企业资质、产品质量和售后服务都经过阿里小二的严格筛选。总之，阿里巴巴"企业集采"网站为采购商提供了正品保障、交货保障、发票保障以及企业采购专享超低价格等高品质服务。

（2）实体批发市场。从实体渠道寻找供应商，虽有明显优势，但也有一定风险，采购人员可以通过直接采购品牌货（从品牌企业进货）、合作式生产（采购方将订单发给供应商，供应商按订单加工制作发货）、零售式采购（在实体市场中从多家供应商采购）方式采购。

（3）从自身人际关系网中寻找。采购人员充分运用自身的人际关系网，以合适的途径寻找品牌代理商，采购品牌商品。

以上 3 条途径可以共同发力，建立供应链条。

5．供应商调查方法

供应商调查方法主要有问卷调查法和实地调查法。

1）问卷调查法

（1）调查问卷的类型。

① 根据调查方式不同，可分为派员访问调查问卷、电话调查问卷、邮寄调查问卷、网上调查问卷和座谈会调查问卷。

② 根据问卷的填答方式不同，可分为自填式问卷和访问式问卷。

③ 根据调查者对问卷的控制程度不同，可分为结构型问卷和非结构型问卷。

（2）调查问卷的设计。调查问卷的设计应遵循目的性、可接受性、顺序性、简明性、匹配性原则。在设计调查问卷时需注意以下问题。

　　① 根据企业自身需要设计内容和格式。

　　② 问卷内容具体,且容易理解。

　　③ 问卷应便于供应商填写与反馈。

　　④ 问题设计确实可以了解供应商信息。

　　⑤ 收集的资料应有逻辑关系、可系统化,便于计算机处理。

　　⑥ 问卷应易于整理、统计和分析。

供应商调查问卷

　　(3) 调查问卷的使用。使用调查问卷进行调查时,要注意问卷的发放与回收。问卷的发放可以采用电话调查法、面谈调查法、邮寄调查法、留置调查法、网络调查法等方式。需要考虑调查问卷的回收和问卷的有效性。

　　(4) 调查问卷的分析。调查问卷的分析可以使用打分法,采用加权评价方法对供应商进行评价。

已完成的供应商调查问卷　　　　　供应商综合打分表

　　2) 实地调查法

　　为了解供应商的工艺能力、质量标准,确认其是否有提供符合成本、交期、质量物料的能力,应该到供应商企业进行现场考察。其考察内容主要有:①组织机构、管理流程;②系统运行、体系审核、合规;③生产能力、生产现场管理;④文化与沟通。

　　在供应商实地考察中,应该使用统一的评分卡进行评估。

供应商实地考察记录　　　　　供应商实地考察表

6. 撰写供应商调查报告

　　撰写供应商调查报告是调查的最后阶段,它表明调查工作的成果和业绩。撰写供应商调查报告目的在于:一是要表达出你想表达的东西;二是要让别人能看懂。两者缺一不可,因此调查报告要保持思路清晰、逻辑层次清楚。供应商调查报告的格式如表 2-13 所示。

表 2-13　供应商调查报告的格式

前　言	主　体	结尾
标题页	引言	附录
目录	调查方法	
委托信	调查结果	
摘要与小结	建议与结论	

在撰写供应商调查报告时,需要充分考虑调查报告阅读者的需求,按照调查报告规范格式撰写,内容详略得当,并提出适当的建议。

任务实施

自行车零部件供应商调查流程如图 2-11 所示。

步骤 1:收集供应商信息。

通过供应商名录、行业网站、供应商官网等渠道收集供应商相关信息。

步骤 2:设计供应商调查问卷。

根据对供应商信息获取的需求,设计结构性调查问卷。

步骤 3:进行供应商调查。

运用调查问卷,可以采取邮件、网络、电话、访谈等多种方式对 3 家供应商进行调查。

步骤 4:回收和分析调查问卷。

通过一定渠道采集调查问卷数据,运用专业的分析工具(如 SPASS)进行分析,生成分析图表。

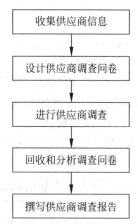

图 2-11　自行车零部件供应商调查流程

步骤 5:撰写供应商调查报告。

将对 3 家供应商的调查结果进行整理,按照规范格式呈现,形成调查报告。

任务训练:调查减速机零部件的供应商

训练目的:通过本次训练,使学生了解供应商信息的收集渠道,掌握运用问卷调查法对供应商进行调查,能够对调查结果进行分析,撰写调查报告。

训练方式:以小组为单位分工完成实训任务,每个组员完成相应任务,并署名。

训练环境:校外企业调研。

训练内容:JSJ 公司供应商关系专员许雅新需收集一些采购部件的潜在供应商,通过调查问卷方式对供应商进行调查。她安排小李设计一份减速机采购零部件的供应商调查问卷。

训练要求:以小李的身份设计一份供应商调查问卷。

2.3 任务工作单　　　　　2.3 任务检查单　　　　　2.3 任务评价单

学 习 总 结

采购任务是很明确的,即满足需求者的要求,但对于实际的采购工作,需求者可能没有很适当地描述需求,可能政策、法规使采购人员的行为受限,可能供应商多而杂,很难从中选择最合适的。因此，采购人员需要进行采购需求分析。所谓采购需求分析，就是从需求者的角度，描述采购需求，提出采购申请，运用市场分析工具对需要采购的物料进行市场分析和研究，针对不同类别供应商，采用不同的调查方法进行调查，通过调查报告的形成呈现出来，为采购决策提供科学有力的依据。

学 习 测 试

一、单项选择题

1. DDS45-BP 经济型打印机的打印速度是：A4 单面打印，45 页面/min；A4 双面打印，45 页面/min；A3 单面打印，22 页面/min；A3 双面打印，16 页面/min。这种描述属于（　　）。

  A. 详细规格   B. 功能规格   C. 技术规格   D. 性能规格

2. 为了保证采购质量，应该严格制定采购规格。这个说法（　　）。

  A. 正确   B. 不正确   C. 无法确定   D. 以上都不对

3. 下列关于市场的说法，错误的是（　　）。

  A. 市场是单个经济主体集合的场所

  B. 市场是由一群有交换潜质的买方和卖方组成的

  C. 市场是经济学中资源配置选择结束的地方

  D. 经济可以看成一个市场的集合

4. 买方应该具备的条件是（　　）。

  A. 有某种需求   B. 具备满足这种需求的能力

  C. 实际中会满足这种需求   D. A 和 B

5. （　　）是指一种既有竞争又有垄断的市场。

  A. 完全竞争市场   B. 完全垄断市场

  C. 垄断竞争市场   D. 寡头垄断市场

6. 下列商品属于垄断竞争市场的是（　　）。

  A. 农副产品   B. 石油   C. 家用电器   D. 电信

7. 现代采购与供应的关系是（　　）。

  A. 零和   B. 双赢   C. 普通买卖   D. 单赢

8. 在进行重大的资本性设备采购或选择战略伙伴型供应商时，主要通过（　　）去真正了解供应商。

  A. 研究供应商提供的资料   B. 实地考察

  C. 发放调查问卷   D. 向大型的调查企业购买相关资料

9. 下列不属于访问调查法的是（　　）。

  A. 面谈调查   B. 邮寄调查   C. 电话调查   D. 实地调查

10. 在设计调查问卷时，防止使用诱导性语句的目的是（　　）。

  A. 使被调查者同意调查者的观点

  B. 使调查者和被调查者之间建立起相互信任的关系

  C. 使所得的结论具有客观性

  D. 使所得的结论具有主观性

二、多项选择题

1. 采购需求的构成要素主要有(　　　)。
   A. 规格　　　　　　　　　B. 质量　　　　　　　　　C. 数量
   D. 交货时间　　　　　　　E. 运输方式　　　　　　　F. 支付方式

2. 一般按市场上竞争和垄断的程度,将现实的市场划分为(　　　)。
   A. 国家垄断竞争市场　　　B. 完全竞争市场　　　　　C. 完全垄断市场
   D. 垄断竞争市场　　　　　E. 寡头垄断市场

3. 需求放大现象产生的原因有(　　　)。
   A. 需求预测修正　　　　　B. 订货批量决策　　　　　C. 价格波动
   D. 市场波动　　　　　　　E. 短缺博弈

4. 完全竞争市场需要满足的 3 个基本条件是(　　　)。
   A. 市场上有众多的买者和卖者
   B. 信息完全公开
   C. 产品同质
   D. 企业可以自由地进出市场

5. 垄断竞争市场的特点有(　　　)。
   A. 产品具有差别　　　　　　　　　B. 存在许多卖者
   C. 自由进出　　　　　　　　　　　D. 存在许多买者

6. PEST 分析一般是对(　　　)方面影响企业的主要外部因素进行分析。
   A. 政治　　　　　　　　　B. 经济　　　　　　　　　C. 文化
   D. 技术　　　　　　　　　E. 社会

7. SWOT 分析法分析的是企业(　　　)方面。
   A. 优势　　　　　　　　　B. 价值　　　　　　　　　C. 弱势
   D. 机会　　　　　　　　　E. 威胁

8. 初选供应商主要应做好的工作是(　　　)。
   A. 确定供应商的范围　　　B. 研究供应商提供的资料
   C. 实地考察供应商　　　　D. 真正了解供应商

三、判断题

1. 采购的范围是指采购的对象或标的。　　　　　　　　　　　　　　　(　　　)
2. 规格是用户将需求传递给采购方和潜在供应商的主要方式。　　　　　(　　　)
3. 苛刻的规格会无形增加产品的价值,但是没有增加客户的成本。　　　(　　　)
4. 向相关供应商群体发放调查问卷,以便企业做出最真实、最准确的判断。(　　　)
5. 若 A 商品和 B 商品可以相互替代,当 B 商品降价时,A 商品可以是较高价格。(　　　)

四、案例分析题

啤酒公司的市场分析

B 牌啤酒为了与 C 牌啤酒争夺市场领导地位,进一步扩大在 A 市的市场份额,公司于 2019 年年底对负责 A 市的营销经理和业务人员进行了大规模的调整,力量进一步加强,决定采用新的营销战略和战术在 2020 年使 B 牌啤酒在 A 市的市场份额有一个大的飞跃,争取在两年之内取得在 A 市的领导地位。

1. 市场调查与分析

经过对 A 市市场进行为期一个月的调查与分析,掌握了准确的市场资料,对市场做出了客观的评价:A 市市场除高档啤酒市场竞争对手(以百威、喜力、嘉士伯为主)较多外,中低档啤酒市场基本被 B 牌和 C 牌所占领,竞争对手较少,但 C 牌啤酒占绝对优势,覆盖率达 95% 以上;啤酒消费者的消费水平和层次较高,终端啤酒最低零售价在 2.5 元/瓶以上占主导地位,拥有 60% 以上的消费群体,而且消费者对价格的敏感性不强,3~5 元/瓶的啤酒消费群体占 28% 左右,并正在快速增长,消费者对品牌的认知度和忠诚度较强,品牌成为决定消费者选择的最重要因素,在中低档啤酒市场上,消费者对 C 牌啤酒有较强的忠诚度;A 市的啤酒市场增长迅速,市场前景看好,A 市又是省会城市,做好 A 市市场对于拉动 B 牌啤酒在全省的销售具有非常深远的战略意义。

2. B 牌啤酒自身分析

"知己知彼,百战不殆。"B 牌啤酒之所以在 A 市多年来业绩平平,除市场的一些客观原因之外,主要问题还是出在自身。

通过分析,发现 B 牌啤酒在 A 市的运作中存在以下失误和不足。

(1)品牌忠诚度较差。虽然 B 牌啤酒品牌知名度很高,但缺乏与终端消费者的有效沟通,加上是一个外地品牌,亲和力不强,C 牌啤酒又占有绝对的控制地位,使 A 市啤酒消费者对 B 牌啤酒品牌的忠诚度较差。

(2)网络渠道运行低效。B 牌啤酒多年来一直坚持单一的代理制渠道模式,由多家一级代理商把产品销到二批,甚至三批,才到终端。一级代理商实力有限,直接供货的终端较少,对终端控制力差,造成与 C 牌啤酒的直销模式相比,B 牌啤酒物流效率较低。

(3)终端控制力差。单一的代理制使 B 牌啤酒与终端之间的距离较长,缺少有效沟通,一级代理商直接供应的终端非常少,终端对 B 牌啤酒的忠诚度较差,B 牌啤酒对终端的控制力也就不强。

但 B 牌啤酒又有许多优势资源,只因没有得到充分有效地发挥和利用,只要全面整合企业的优势资源,弥补存在的不足,战略正确,战术得当,必定会在 A 市打一场翻身仗。

通过分析和总结,B 牌啤酒的优势在于以下几方面。

(1)品牌较高的知名度。B 牌啤酒是全省单产量最大的品牌,在全省的市场覆盖率达 100%,占有率超过 40%,具有较高的知名度。只要品牌运作科学,品牌忠诚度会很快提高。

(2)产品质量优势和品种优势。B 牌啤酒公司技术力量雄厚,装备精良,产品质量过硬,是省政府宴会专用啤酒和省级名牌产品,质量优势非常明显;B 牌啤酒多达 20 多个品种,而且每年都有 2~3 个新品种上市,能够更好地满足消费需求。

(3)营销队伍素质优势。新组建的 B 牌啤酒公司营销领导班子平均年龄为 32 岁,均有 5 年以上啤酒营销经验,业务人员 85% 具有大专以上学历水平,是一支年轻的知识型营销队伍。经验丰富、理念先进、学习能力强、市场反应迅速。

(4)B 牌啤酒的实力优势。B 牌啤酒是全省最大的啤酒企业,年销售收入超过 15 亿元,实力强大、资金雄厚,能够大规模对市场进行前期投入,有实力和能力与 C 牌啤酒展开一场市场争夺战。

案例问题：

（1）用 SWOT 分析法对 B 牌啤酒进行分析。

（2）根据 SWOT 矩阵制定市场策略的基本思路是什么？

学 习 案 例

全球半导体产业链的发展和竞争策略

半导体是工业整机设备的核心，普遍应用于计算机、消费类电子、网络通信、汽车电子等领域。半导体主要由集成电路、光电器件、分立器件、传感器 4 个部分组成，其中集成电路占 80％以上，因此人们通常将半导体等同于集成电路。

目前，半导体产业链的国际分工格局大致如图 2-12 所示。

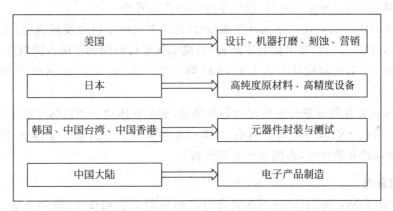

图 2-12 半导体产业链的国际分工格局

从图 2-12 可以看出，美国、日本、韩国拥有高精尖的核心技术，中国尚驻足在门槛低、附加值低的整机组装阶段。

随着制造业的发展和市场的变化，半导体产业链在全世界范围内不断发生产业转移，具体如图 2-13 所示。

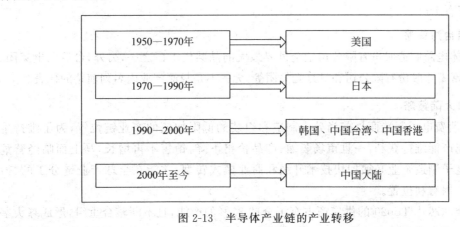

图 2-13 半导体产业链的产业转移

这种变迁可以说是半导体行业发展驱动力的变化。不难看出,1970—2000年,是以个人计算机(PC)为代表的计算机信息设备;2000—2020年是以手机为代表的智能终端;2020年以后,很可能是物联网、VR/AT、大数据、自动驾驶。

　　随着中国的崛起,中国市场的迅猛成长和发展,使很多国家调整了自己的策略。

1. 美国策略

　　(1) 在半导体行业维持美国军方优势,拥有竞争对手不具备的半导体技术。

　　(2) 改善商业环境,以创新的竞争优势跑得更快,聚焦先进制程,执行有利于美方的贸易协定和裁决。

　　(3) 推动半导体的技术创新转移,如发展最新的传感技术、绝密通信技术,开发高性能架构,开展量子计算,解决化学与材料学的难题。

2. 日本策略

　　在产业链上前移,延伸至材料,承续半导体的昔日辉煌。

　　(1) 由于日本没有抓住以个人计算机(PC)为代表的信息设备发展机遇,在动态随机存取存储器(DRAM)方面的技术优势逐渐丧失,成本优势被韩国和中国台湾取代。

　　(2) 1998年,韩国取代日本成为DRAM第一生产大国,全球DRAM产业中心从日本转移到韩国。

　　(3) 日本企业在行业细分领域保持领先地位,如半导体设备制造的TEL、日立;半导体硅片材料的信越、JSR、Sumco等。目前,日本在半导体材料上占据了全球66%以上的市场份额,技术也远超其他企业,而拥有行业定价权。

3. 韩国策略

　　(1) SAMSUNG、SK Hynix不断提升自己的制程工艺和设备,增强产能,减少生产成本,提升产品性能。

　　(2) 在DRAM产品上拥有价格控制权。由于DRAM被SAMSUNG、SK Hynix、Micron等寡头垄断,在移动DRAM市场上,SAMSUNG、SK Hynix占据了80%以上的市场份额。

　　Nand Flash由韩国、美国、日本等国家的企业,如SAMSUNG、Sandisk、Toshiba、Micron各分天下。

4. 中国台湾策略

　　台湾积体电路制造股份有限公司是全世界最大的晶圆代工厂之一,另外,台湾联电集团、台湾矽品精密工业股份有限公司和日月光集团等,无一不是封测产业内名列前茅的代表。

5. 中国大陆策略

　　中国的消费电子制造商目前尚处于制造和组装的低附加值的产业链位置,为了维持生存,只能扩充产能维持获利,一旦市场萎缩,产品价格下降,销售不再增长,马上面临经营危机。所以,电子制造企业必须加快技术升级和商业模式转型,才能在全球产业链分工的“微笑曲线”中占据有利位置。

　　此外,全球芯片Top20的供应商占有了全球83%的产能,且不断整合重组,形成寡头垄断局面,从而提升了行业定价权。一旦发生水灾、火灾、地震等自然灾害,寡头供应商就会借机涨价。

由于人民币贬值、半导体产业链技术不断升级，CPU、内存、屏幕、CMOS Sensor 等电子元器件常常会进入缺货周期。中国制造厂商会陷入非常被动的局面，或花高价买，或得不到供应。

面对关键物料的涨价，不论是苹果还是三星，都有自己的应对策略，使自己在市场上立于不败之地。例如，苹果会采用新技术同步上涨产品的零售价，抵销成本的提高；而三星自销自用，占有绝对的优势领先市场。

中国是芯片需求大国，有全球最大的电子产品制造工厂群和大众消费市场，集成电路需求占全球的 1/3，但产值不到全球的 7%。

2017 年，中国集成电路的进出口数据：进口 2 601 美元，同比增长 14.6%；出口 669 亿美元，同比增长 9.8%；贸易逆差 1 932 亿美元，出口额占进口额的 25.7%。3/4 依赖于进口。由此可以看出，集成电路成为制约中国未来发展和战略安全最重要的生产物资。

因此，中国必须提高半导体芯片等战略物资的市场竞争力。

（1）国家意志，即国家战略。制定从 2015—2020—2030 三步走的目标，构建芯片—软件—整机—系统—信息服务生态链，实现 10 年内 70% 自主供应，且 IC 产业链主要环节达到国际领先水平的目标。

（2）成立产业基金。2014 年 9 月，国家集成电路产业投资基金由 15 家机构成立，基金总规模近 1 400 亿元，扶持重点企业和重点项目。

（3）通过资金投入、设备投入，加大技术研发力度，用创新的制度吸纳国际领军人才。

（4）对产业链进行全球布局。

（5）依托市场优势，培养一大批优势企业进入国际第一梯队，扶持中芯国际、紫光集团、华为、小米等优秀民族企业，缩短中国制造工艺和国际先进水平的差距，最终实现超越。

学 习 评 价

核心能力评价

通过本项目学习，你的	核心能力	是否提高
	信息获取能力	
	自我表达能力	
	与人沟通能力	
	团队合作能力	
	解决问题能力	
	自主学习能力	
	开拓创新能力	

自评人（签字）	教师（签字）
年　月　日	年　月　日

专业能力评价

通过本项目学习,你	能/否	准确程度	专业能力目标
			编制采购申请单
			运用某一种分析方法分析供应市场
			设计供应商调查表并实施调查
			完成供应商调查报告

自评人(签字)	教师(签字)
年　月　日	年　月　日

专业知识评价

通过本项目学习,你	能/否	精准程度	知识能力目标
			掌握采购规格的基本内容
			掌握 SWOT 分析方法的基本理论
			掌握市场结构分析方法的基本理论
			掌握五力模型分析法的基本理论
			掌握供应商调查的内容
			掌握调查问卷设计的基本要素
			掌握调查报告的格式和内容

自评人(签字)	教师(签字)
年　月　日	年　月　日

制订采购计划

学习目标

【知识目标】

1. 熟悉采购计划的基本分类。

2. 了解销售计划与生产计划关系。

3. 掌握物料清单(BOM)。

4. 掌握定量订货模型和定期订货模型。

5. 掌握经济订货批量的基本原理和计算方法。

6. 掌握物料需求计划(MRP)的原理与逻辑流程。

7. 掌握物料需求计划(MRP)的计算方法。

【能力目标】

1. 能够把销售计划转变为生产计划。

2. 能够根据生产计划编制采购计划。

3. 能够汇总各部门的需求编制采购计划。

4. 能够运用两种订货模型制订独立需求采购计划。

5. 能够运用MRP编制相关需求采购计划。

【素质目标】

1. 具备严谨工作作风。

2. 具有制订计划能力。

3. 具有库存管理能力。

4. 具有协调沟通能力。

5. 具有团队合作能力。

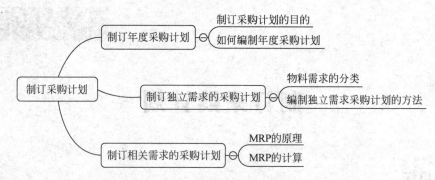

采购计划是指企业管理人员在了解市场供求的情况下,以认识企业生产经营活动过程和掌握物料消耗规律为基础,对计划期内物料采购活动所做的预见性的安排和部署。

采购计划根据不同的标准可以划分为不同类别。按照计划期的长短划分为年度采购计划、季度采购计划、月度采购计划、日采购计划;按照物资使用方向划分为生产用物资采购计划、维修用物资采购计划、基建用物资采购计划、技术改造用采购计划、科研用物资采购计划;按照物资的自然属性划分为金属材料采购计划、家电产品采购计划。

任务 1　制订年度采购计划

任务描述

AAA 公司 2019 年第四季度初决定来年扩大生产最畅销的 26 寸山地自行车。销售部根据市场调研报告拟订了该款自行车 2020 年全年的销售计划并提交生产部,同时要求每月月末该款产品必须保证有当月销量 30% 的存货。采购部经检查了解到 2019 年 12 月末预计该款自行车的存货还有 93 台。销售部制订的 2020 年度销售计划如表 3-1 所示。

表 3-1　2020 年度 26 寸山地自行车销售计划　　　　　　　　单位:台

时间	1月	2月	3月	4月	5月	6月	7月	8月	9月	10月	11月	12月
销售计划	300	400	500	500	500	400	450	500	550	500	450	550

26 寸山地自行车的产品结构如表 3-2 所示。

表 3-2　26 寸山地自行车的产品结构(BOM 表)

零件代码及层次		每一装配件需用的数量	前置时间/周
0	1		
A			0.2
*	B	2	2
*	C	1	2

续表

零件代码及层次		每一装配件需用的数量	前置时间/周
0	1		
*	D	2	2
*	E	2	2
*	F	1	2

注：B—自行车刹把；C—自行车车灯；D—自行车轮胎；E—自行车脚蹬；F—自行车鞍座。

2019 年 12 月 1 日，采购计划主管王洪指派采购计划专员赵志强制订 2020 年度采购计划。赵志强告诉小张，制订采购计划除需要参考销售计划及生产 BOM 表以外，还需要考虑库存情况。小张按照 BOM 表查询系统得知相应的自行车零部件的库存情况如表 3-3 所示。

表 3-3　BOM 表查询系统库存

物料编号	物料品名	零件代码	规　　　格	单位	数量
5741200021	自行车刹把	B	22.2mm 的通用安装孔径，手柄长度为 3 指	个	50
5741200024	自行车车灯	C	LR-Y2	个	30
5741200027	自行车轮胎	D	COUNTRY DRY 2	条	40
5741200035	自行车脚蹬	E	HSD-JD-5087A	个	90
5741200036	自行车鞍座	F	MOTACHIE /蒙太奇 SD-582	个	70

要求：以采购计划专员赵志强的身份制订该产品的年度采购计划。

任务分析

制订采购计划就是要合理确定采购数量和采购时间。制造企业制订采购计划需要分别制订生产性物资的采购计划和辅助性物资的采购计划。生产性物资的采购计划是受销售计划和生产计划影响，采购计划的编制是要先把销售计划转变为生产计划，再根据生产计划编制采购计划，其编制路径为销售计划—生产计划—采购计划；企业的辅助性物资是由使用部门控制，采购部门负责采购，使用部门提出采购需求，采购部门需要汇总各部门的需求制订采购计划。

知识准备

3.1.1　制订采购计划的目的

采购计划管理制度

每年年末是采购人员根据公司制订的企业生产经营计划，向各部门收集并汇总采购需求和请购单的时间。采购人员根据公司当前库存情况和下年度的企业生产能力、市场销售环境等进行综合分析,解决下一年度采购什么、采购多少、向谁采购等问题。

　　制订合理的采购计划,直接决定了采购部门能否正确执行组织的采购战略,能否有效地满足组织内外部的各种需要,采购计划是企业年度计划的一部分。

　　企业制订采购计划主要有以下几个目的。

　　(1) 预计物料需要的时间和数量,防止供应中断,影响产销活动。

　　(2) 避免物料存储过多,积压资金,占用库存空间。

　　(3) 配合企业生产计划和销售计划的实现。

　　(4) 使采购部门事先准备,确定有利时机进行采购。

　　(5) 确定物料的消耗标准,以便于管理物料的采购数量和采购成本。

采购计划的作用

　　采购计划以采购表的形式反映。年度采购计划表如表 3-4 所示。

表 3-4　年度采购计划表

编号:　　　　　　　　　　　　　　　　　　　　　　　　　　制表人:

| 物品种类 | | | | | 需要多少 | 现在有什么 | | | |
序号	品名	规格	单位	单价	年度用量	现有库存量	年计划采购量	年用金额	计划采购日期
1									
2									
3									
4									
5									什么时候买
6		需要什么							
7						要买多少			
8									
9									
10									
⋮									

制表日期:　　年　月　日　　　本表有效期:　　年　月　日至　　年　月　日

3.1.2　如何编制年度采购计划

1. 编制计划思路

　　(1) 采购计划根据销售计划和生产计划确定。

　　(2) 根据生产计划和产品 BOM 清单、消耗定额,确定采购的品种和数量;根据采购前置期确定采购时间(即采购订单下达的时间),编制采购计划。

年度计划表的构成要素

2. 编制计划方法

1) 把销售计划转变为生产计划

销售计划与生产计划是企业重要的计划,是制订采购计划的依据,或者说制订采购计划的直接目的是保证销售计划或生产计划的实现。

销售计划与生产计划的关系:一些制造企业和零售企业,在根据销售计划制订生产计划时还要考虑库存要求,如有的企业要求每期末应保留一定的成品库存,以满足由于销售预测不准确可能带来的销售损失。

生产量与销售量和存货量之间有以下关系:

$$生产量=期末存货量-期初存货量+当期销售量$$

2) 根据生产计划编制采购计划

(1) 编制采购计划所需要的基础数据。

① 物料清单(bills of materials,BOM)。物料清单又称为产品结构文件或产品结构树,它是对产品结构的描述,它包含生产每一单位产品所需要的原材料、零部件的种类和数量,也反映产成品的构成和生产顺序。物料清单的结构如图 3-1 所示。

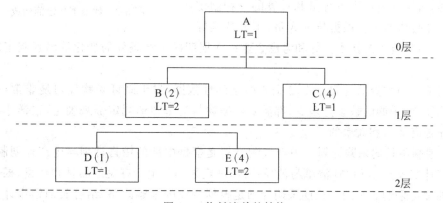

图 3-1　物料清单的结构

LT 指前置期,订货周期,加工周期或装配周期;A 指最终产品;
B(2)指每 1 件 A 产品中有 2 个 B 部件;E(4)指每 1 件 B 部件中有 4 个 E 零件。

物料清单不但说明产品的构成情况,而且要表明产品在制造过程中经历的各个加工阶段,它按产品制造的各个层次说明产品结构,其中每一层次代表产品形成过程中的一个完整的阶段。

在物料清单中应标明零部件层次和零部件前置期。所谓零部件层次,是指在产品结构文件中各个零件处于不同的层次。每一层次表示制造最终产品过程中的一个阶段。通常最高层为 0 层,代表最终产品项;第 1 层代表组成最终产品项的零部件;第 2 层为组成第 1 层零部件的零部件,以此类推,最低层为零部件和原材料。零部件前置期按照零部件的来源分为制造前置期和采购前置期。制造前置期是指从发出加工订单到零件制造完工所需时间;采购前置期是指从发出采购订单到零件到货所需时间。

② 物资消耗定额。物资消耗定额是指在一定的生产技术组织条件下,生产单位产品或完成单位工作量需要消耗物资的标准量。

各种产品 BOM

物资消耗定额的种类：a. 按照物资在生产建设中的不同作用,可分为主要原材料消耗定额、辅助材料消耗定额等。b. 按照物资的不同自然属性,可分为金属材料消耗定额、木材消耗定额、燃料消耗定额等。c. 按照物资的不同使用方向,可分为生产制造消耗定额、基本建设消耗定额等。d. 按照定额的综合程度,可分为单项消耗定额和综合消耗定额。

物资消耗定额一般是由 3 个部分构成：a. 有效消耗是指生产物资转化成产品实体的必要消耗。有效消耗可以通过理论方法计算出来。b. 工艺性消耗是指物资在制成产品或零部件的加工过程中,由于形状或性能改变而产生的消耗。c. 非工艺性消耗是指在生产加工或流通过程中,工艺性消耗之外的物资消耗,包括由于供应条件的限制所造成的消耗、生产准备消耗、运输途中损耗、废品损耗等。

物资消耗定额构成如图 3-2 所示。

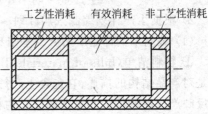

图 3-2　物资消耗定额构成

物资消耗定额的计算方法：a. 技术计算法。根据单位产品或单位工作量的设计、工艺和工程技术的要求,以及现有的生产技术条件,进行精确计算的一种科学的制定方法。b. 属实查定法。通过现场的抽样,对实际消耗进行称量和计算的一种制定方法。c. 经验估计法。根据技术人员、工人的实际生产经验,参考有关的技术文件和考虑企业在计划期内生产条件的变化等因素制定定额的方法。

物料清单与物资消耗定额都是企业的基础性数据,对于制订采购计划是非常重要的。采购什么物资,采购的数量是多少,都需要根据物料清单和消耗定额来确定,这样才能保证采购工作是有效力和效率的。

(2)编制中长期采购计划。中期采购计划是根据中期的销售计划与生产计划制订的。按照生产计划及产品 BOM 清单与消耗定额,确定采购与生产有关的品种和数量,根据采购的提前期确定采购的时间。长期采购计划是根据企业的采购战略,结合长期销售计划和生产计划制订的。长期采购计划主要包括新的供应源搜寻、战略供应商管理、采购与供应能力的建设、重要固定资产获得等。

任务实施

编制采购计划是先将销售计划转变为生产计划,再根据生产计划编制采购计划,其编制路径为销售计划—生产计划—采购计划。

1. 将销售计划转变为生产计划

生产计划是为了满足销售的需要,当期生产计划生产的数量是按照销售量和预计库存量确定的,具体实施步骤如图 3-3 所示。

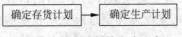

图 3-3　销售计划转变为生产计划过程

步骤 1：确定存货计划。

确定存货计划,首先要计算出期末存货数量。在生产计划中,期末存货数量是不可缺少的中间变量,所以要计算出来。根据销售部门的要求,可以计算出每月月末的存货量,如表 3-5 所示。

表 3-5　2020 年 26 寸山地自行车的存货计划　　　　　　　　单位：台

时　间	1 月	2 月	3 月	4 月	5 月	6 月	7 月	8 月	9 月	10 月	11 月	12 月
计划存货量	90	120	150	150	150	120	135	150	165	150	135	165

步骤 2：确定生产计划。

确定生产计划，计算生产量。

2019 年 12 月末的存货量是 93 台，2020 年 1 月的销售计划量是 300 台，2020 年 1 月的月末计划存货量是 90 台，根据公式：生产量＝期末存货量－期初存货量＋当期销售量，可以得出 2020 年 1 月的生产量为 90－93＋300＝297（台）。以此类推，得到 26 寸山地自行车的生产计划，如表 3-6 所示。

表 3-6　2020 年 26 寸山地自行车的生产计划　　　　　　　　单位：台

时　间	1 月	2 月	3 月	4 月	5 月	6 月	7 月	8 月	9 月	10 月	11 月	12 月
计划生产量	297	430	530	500	500	370	465	515	565	485	435	430

2. 根据生产计划编制采购计划

依据生产计划和存货计划，结合 BOM 清单，确定采购数量和采购时间。具体实施步骤如图 3-4 所示。

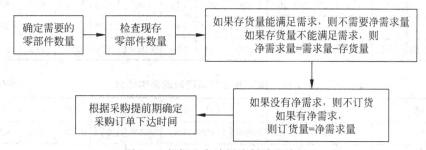

图 3-4　根据生产计划编制采购计划

步骤 1：确定需要的零部件数量。

根据 BOM 清单，确定需要的零部件数量。

步骤 2：检查现存零部件数量。

检查需要的零部件的现有库存量，如果存货量能够满足需求，则不需要采购；反之需要采购。

步骤 3：根据采购提前期确定采购订单下达时间。

通过计算结果，2020 年自行车各个零部件的采购计划如表 3-7～表 3-11 所示，2020 年度采购计划如表 3-12 所示。

表 3-7　2020 年自行车刹把的采购计划　　　　　　　　单位：个

自行车刹把	0	1 月	2 月	3 月	4 月	5 月	6 月	7 月	8 月	9 月	10 月	11 月	12 月
需求量	594	860	1 060	1 000	1 000	740	930	1 030	1 130	970	870	860	
存货量	50	0	0	0	0	0	0	0	0	0	0	0	0
净需求量		544	860	1 060	1 000	1 000	740	930	1 030	1 130	970	870	860

自行车刹把	0	1月	2月	3月	4月	5月	6月	7月	8月	9月	10月	11月	12月
采购到达		544	860	1 060	1 000	1 000	740	930	1 030	1 130	970	870	860
采购计划发出	544	860	1 060	1 000	1 000	740	930	1 030	1 130	970	870	860	

表 3-8　2020 年自行车车灯的采购计划　　　　单位：个

自行车车灯	0	1月	2月	3月	4月	5月	6月	7月	8月	9月	10月	11月	12月
需求量	297	430	530	500	500	370	465	515	565	485	435	430	
存货量	30	0	0	0	0	0	0	0	0	0	0	0	0
净需求量		267	430	530	500	500	370	465	515	565	485	435	430
采购到达		267	430	530	500	500	370	465	515	565	485	435	430
采购计划发出	267	430	530	500	500	370	465	515	565	485	435	430	

表 3-9　2020 年自行车轮胎的采购计划　　　　单位：条

自行车轮胎	0	1月	2月	3月	4月	5月	6月	7月	8月	9月	10月	11月	12月
需求量		594	860	1 060	1 000	1 000	740	930	1 030	1 130	970	870	860
存货量	40	0	0	0	0	0	0	0	0	0	0	0	0
净需求量		554	860	1 060	1 000	1 000	740	930	1 030	1 130	970	870	860
采购到达		554	860	1 060	1 000	1 000	740	930	1 030	1 130	970	870	860
采购计划发出	554	860	1 060	1 000	1 000	740	930	1 030	1 130	970	870	860	

表 3-10　2020 年自行车脚蹬的采购计划　　　　单位：个

自行车脚蹬	0	1月	2月	3月	4月	5月	6月	7月	8月	9月	10月	11月	12月
需求量		594	860	1 060	1 000	1 000	740	930	1 030	1 130	970	870	860
存货量	90	0	0	0	0	0	0	0	0	0	0	0	0
净需求量		504	860	1 060	1 000	1 000	740	930	1 030	1 130	970	870	860
采购到达		504	860	1 060	1 000	1 000	740	930	1 030	1 130	970	870	860
采购计划发出	504	860	1 060	1 000	1 000	740	930	1 030	1 130	970	870	860	

表 3-11　2020 年自行车鞍座的采购计划　　　　单位：个

自行车鞍座	0	1月	2月	3月	4月	5月	6月	7月	8月	9月	10月	11月	12月
需求量		297	430	530	500	500	370	465	515	565	485	435	430
存货量	70	0	0	0	0	0	0	0	0	0	0	0	0
净需求量		227	430	530	500	500	370	465	515	565	485	435	430
采购到达		227	430	530	500	500	370	465	515	565	485	435	430
采购计划发出	227	430	530	500	500	370	465	515	565	485	435	430	

计划编号：2019120101

需求部门：生产部

填写日期：2019 年 12 月 1 日

表 3-12　2020 年度采购计划

| 物料编号 | 采购品名 | 规　格 | 单位 | 总需求量 | 月度用量 | | | | | | | | | | | | 库存数 | 实际采购数 | 备注 |
					1 月	2 月	3 月	4 月	5 月	6 月	7 月	8 月	9 月	10 月	11 月	12 月			
5741200021	自行车刹把	22.2mm 的通用安装孔径，手柄长度为 3 指	个	11044	594	860	1 060	1 000	1 000	740	930	1 030	1 130	970	870	860	50	10994	
5741200024	自行车车灯	LR-Y2	个	5522	297	430	530	500	500	370	465	515	565	485	435	430	30	5492	
5741200027	自行车轮胎	COUNTRY DRY 2	条	11044	594	860	1 060	1 000	1 000	740	930	1 030	1 130	970	870	860	40	11004	
5741200035	自行车脚蹬	HSD-JD-5087A	个	11044	594	860	1 060	1 000	1 000	740	930	1 030	1 130	970	870	860	90	10954	
5741200036	自行车鞍座	MOTACHIE/蒙太奇 SD-582	个	5522	297	430	530	500	500	370	465	515	565	485	435	430	70	5452	

编制人：赵志强　　审核人：王洪

任务训练：编制减速机零部件半年度采购计划

训练目的：通过本次训练,使学生掌握并熟悉采购计划与生产计划、销售计划、库存计划的关系,能够编制采购计划。

训练方式：以个人为单位完成实训任务。

训练环境：综合实训室(学生每人有一台可上网的计算机,桌椅可拼接),安装采购管理系统软件。

训练内容：JSJ 公司在 2019 年第四季度末决定来年扩大生产某畅销型号的减速机。销售部根据市场调研报告拟订了年度销售计划并提交生产部,同时要求每月末该款产品必须保证有当月销量 20% 的存货。计划部门经检查,了解到 2019 年 12 月末预计该型号的产品存货将有 80 台。销售部制订的 2020 年度减速机销售计划如表 3-13 所示。

表 3-13　2020 年度减速机销售计划　　　　　　　　　　单位：台

时 间	1月	2月	3月	4月	5月	6月	7月	8月	9月	10月	11月	12月
销售计划量	520	360	730	750	800	600	650	700	700	700	650	600

减速机的零部件构成如表 3-14 所示。

表 3-14　减速机的 BOM 表

零件代码及层次		每一装配件需用的数量	前置时间/周
0	1		
A			0.2
*	B	1	1
*	C	1	1
*	D	4	1
*	E	1	2

2019 年 12 月 4 日,采购主管赵宇豪指派采购计划专员林志飞制订相关的全年采购计划,并安排小李跟随林志飞学习如何制订年度采购计划。

林志飞安排小李制订该型号减速机相关零部件的年度采购计划。小李根据 BOM 表查询系统得知需要采购的零部件库存量如表 3-15 所示。

表 3-15　BOM 表查询系统库存量

物料编号	物料品名	零件代码	规 格	单位	数量
2141200021	传动大齿轮	B	ZLYJ133	个	700
2141200024	齿轮轴	C	ZL-Y2	根	600
2141200027	滚动轴承	D	ZL-6303	个	1 000
2141200035	箱体	E	ZL-440-2D	个	550

训练要求：以采购计划专员林志飞的身份在采购管理系统上编制减速机相关零部件2020年度采购计划并提交采购主管赵宇豪审核；以采购主管赵宇豪的身份审核采购计划。

3.1 任务工作单　　　　　3.1 任务检查单　　　　　3.1 任务评价单

任务 2　制订独立需求的采购计划

任务描述

　　AAA 公司在生产过程中需要使用辅助材料,如各种型号的砂轮、钻头等,还有生产中使用的润滑油和润滑液。

　　(1)某型号的砂轮片每年的需求量是 3 600 片,每次订货成本为 20 元,物品单价每片40 元,年储存成本率为 25%。

　　(2)某型号的润滑液一般平均每天会使用 20kg,向供应商订货后一般是 3 天后送到,考虑到使用时因为浪费而增加用量,有时供应商送货可能延迟,确定的安全库存量是 50kg。

　　(3)润滑油在设备中用得最多,生产中也会用到。润滑油公司是每个月采购一次,向经销商订货后,经销商一般 5 天后送到,平均每天的用量在 10kg 左右,润滑油的安全库存量是 80kg。

　　2019 年 12 月 11 日,采购计划主管王洪指派采购计划专员赵志强制订辅助材料的采购计划,赵志强要求小张用学到的知识计算砂轮片、润滑液和润滑油的采购批量与采购时间。

任务分析

　　以上问题都涉及采购批量和采购时间。企业对日常采购中采购批量和采购时间的规划既属于短期采购计划,又属于采购决策,同时也是控制库存的方法。有许多方法可以确定采购数量和采购时间,本任务中学习定量订货模型和定期订货模型两种最经典的订货模型,通过两种订货模型来确定采购批量和采购时间,控制企业库存。

知识准备

　　编制采购计划主要是确定采购批量和采购时间两个重要参数,即确定订货数量和订货点。一般来说,采购部门负责控制的物品包括所有的相关需求以及部分的独立需求。独立需求采购计划可以运用定量订货模型和定期订货模型确定采购批量和采购时间。

3.2.1 物料需求的分类

20 世纪 60 年代中期,美国 IBM 公司的管理专家约瑟夫·奥利佛博士首先提出了独立需求和相关需求的概念,将企业内的物料分成独立需求物料和相关需求物料两种类型。独立需求是由市场决定,不可控的需求;相关需求是由其他产品或项目的需求决定的,是可预知和可控的。

独立需求和相关需求的区别:①掌握需求数量和时间的方式不同;②满足两种需求的存货在性质上不同;③两种需求的库存控制策略不同。

独立需求和
相关需求

3.2.2 编制独立需求采购计划的方法

1. 定量订货模型

(1) 定量订货模型的运行原理。定量订货模型是预先确定一个订货点和订货批量(一般以经济订货批量为准),随时检查库存,每当库存余额小于订货点时,就立即提出订货。定量订货模型的运行原理如图 3-5 所示。

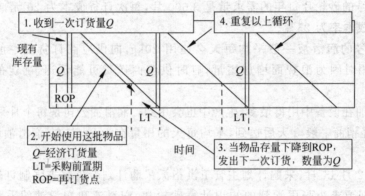

图 3-5　定量订货模型的运行原理

(2) 订货批量的确定——经济订货批量(EOQ)。在定量订货模型中,每次订货的数量是固定的,是按照经济订货批量订货。

经济订货批量基于以下思考:在年需求量一定的情况下,采购批量越大,会导致库存增加,从而库存费用增加,但采购次数减少,采购费用降低。而减少采购批量,频繁采购,会使库存费用降低,而订货费用增加。所以存在理想的订货批量使库存费用与订货费用的总值最低。这个趋势可以用图 3-6 表示。

采购总成本是由持有成本、订货成本和购买成本构成。其中,持有成本是维持库存所必需的费用,以 C_H 表示;订货成本是每次订货产生的费用,以 C_R 表示,订货成本与全年发生的订货次数有关,与发生的订货量无关;购买成本是购买产品的全部成本,以 C_p 表示,与订货价格和订货量有关。

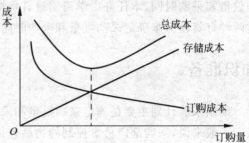

图 3-6　订购量与成本之间的关系

$$C_{\mathrm{T}}=C_{\mathrm{H}}+C_{\mathrm{R}}+C_{\mathrm{p}}=H(Q/2)+S(D/Q)+pD$$
$$H=ph$$

式中，Q 为订货量；S 为次订货费；H 为持有成本；p 为单价；h 为持有费用率；D 为年需求量。

Q 的最小值就是经济订货批量（economic order quantity，EOQ），要使得 Q 值最小，运用微积分，可以得到：

经济订货批量模型

$$\mathrm{EOQ}=\sqrt{\frac{2SD}{H}}=\sqrt{\frac{2SD}{ph}}$$

（3）订货时间的确定——再订货点（ROP）。定量订货模型的订货时间是不固定的，当库存量达到或低于某个数量就订货，这个数量就是再订货点。再订货点取决于年需求量和提前期两个因素。

① 当需求固定、均匀，交货周期不变时，再订货点为

$$\mathrm{ROP}=\mathrm{LT}\cdot R$$

式中，ROP 为再订货点（订货点的库存量）；LT 为采购前置期；R 为采购前置期内的单位需求量。

② 当需求发生变化或交货周期延长时，需要设置安全库存量 SS，再订货点为

$$\mathrm{ROP}=\mathrm{LT}\cdot R+\mathrm{SS}$$

式中，SS 为安全库存量。

2. 定期订货模型

（1）定期订货模型的运行原理。定期订货模型是按照预先确定的时间间隔按期进行补货，周期性地检查库存量，随后发出订货，将库存补充到目标水平。定期订货模型运行原理如图 3-7 所示。

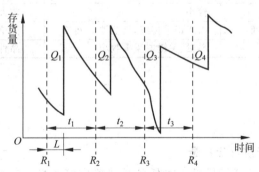

图 3-7　定期订货模型的运行原理

（2）订货批量的确定。定期订货模型中，订货量计算式为

$$订货量＝最大库存量－库存余额$$

式中，库存余额的数量在定期检查库存时可以确定，最大库存量＝订货量＋现有库存量，现有库存量是能满足前置期内的需求，订货量应该满足检查周期内的需求。

最大库存量的计算为

$$E=Q+I=\mathrm{LT}\cdot R+TR=(\mathrm{LT}+T)R$$

式中，E 为最大库存量；Q 为订货量；I 为现有库存量；LT 为采购前置期，以日计；T 为订

货间隔期(检查周期);R 为前置期和订货间隔期内的日平均需求量,以单位计。

(3) 订货时间的确定。定期订货模型中,订货时间是检查库存的时间。订货时间的确定可以采用两种方法:①企业可以根据自身的情况,确定具体检查存货的时间;②根据经济订货批量确定订货时间,称为经济订货间隔期。经济订货间隔期为

$$T_0 = \sqrt{\frac{2S}{RIP}}$$

同样可以得到最优年检查次数为

$$M_0 = \frac{1}{T_0} = \sqrt{\frac{RIP}{2S}}$$

式中,R 为物品的年需求量;P 为物品的购入成本;S 为每次订货的订购成本;T 为订货间隔期,以年计;I 为以单位成本系数表示的年储存成本。

3. 定量订货模型和定期订货模型的比较

定量订货模型是一个连续检查系统。在定量订货法下,当库存水准刚降到订货点时便进行补充订购。

定期订货模型是一个固定订货间隔期系统。在定期订货法下,只在规定时间间隔期才对库存量进行检查,随后发出订货,将库存补充到目标水平。

定量订货模型与定期订货模型的比较如表 3-16 所示。

表 3-16   定量订货模型与定期订货模型的比较

特　征	定量订货模型	定期订货模型
订货量	订货量相同,按照 EOQ 订货	订货量不同
何时订货	在库存量降低到再订货点时	盘点期到来时
库存记录	每次出库都记录	只有盘点期做记录
库存大小	较小	较大
维持作业所需要的时间	由于记录持续,所需要时间长	简单记录,所需要时间短
物资类型	昂贵、关键或重要物资	品种数量较大的一般物资

任务实施

定量订货法与定期
订货法的区别

1. 确定砂轮片的经济订货批量

采购砂轮片运用定量订货模型。本任务是要确定订货量,定量订货模型中的订货量就是经济订货批量。

$$砂轮片的经济订货批量 = \sqrt{\frac{2SR}{CI}} = \sqrt{\frac{2 \times 3\,600 \times 20}{0.25 \times 40}} = 120(片)$$

2. 确定润滑液的再订货点

采购润滑液运用定量订货模型,定量订货模型的订货时间是不固定的,是由存货量达到某一数量时触发的订货行为,即再订货点。

$$润滑液的再订货点 = 20 \times 3 + 50 = 110(kg)$$

3. 确定润滑油的最大库存量

采购润滑油运用定期订货模型。为了控制存货量,要设定润滑油最大库存量。

$$润滑油的最大库存量＝(30＋5)×10＋80＝430(kg)$$

任务训练:编制减速机辅助材料采购计划

训练目的:通过本次训练,使学生掌握确定独立需求的两种方法,即定量订货模型和定期订货模型。熟悉两种订货模型中订货时间和订货量的确定。

训练方式:以个人为单位完成实训任务。

训练环境:综合实训室(学生每人有一台可上网的计算机,桌椅可拼接),安装采购管理系统软件。

训练内容:JSJ 公司在生产减速机时会使用各种辅助材料以及劳保用品,其中辅助材料会大量使用润滑油,劳保用品会使用棉质手套。这些辅助材料的需求属于独立需求。为保证 2020 年 1 月 2 日起的生产需求,采购主管赵宇豪于 2019 年 12 月 22 日指派采购计划专员林志飞为这些辅助材料制订独立采购计划(计划单号:2019122234),并安排小李跟随林志飞学习编制方法。

林志飞安排小李调查润滑油以及棉质手套的消耗情况、安全库存,并联系供应商核对送货周期。经调查,小李发现:

优质棉手套(物料编号:2151200012;规格:425g;单位:副)每年约消耗 7 200 副,每次订货成本为 2 元,订货提前期为 7 天,物品单价是 4 元/副,年均保管费用为 0.5 元/副。

润滑油(物料编号:2151200015;规格:50kg;单位:桶)平均每天用量约 20kg,通常每月采购一次,在通知供应商送货后,一般 5 天后送达,润滑油的安全库存量是 100kg。

训练要求:以小李的身份计算优质棉手套和润滑油的订货批量及订货时间;在采购管理系统中,以采购计划专员林志飞的身份为辅助材料和劳保用品分别编制采购计划单,并提交采购主管审核;以采购主管赵宇豪的身份审核采购计划单。

已知 2019 年 12 月生产期末,预计剩余手套 20 副,预计剩余润滑油 100kg。

3.2 任务工作单　　　　　　3.2 任务检查单　　　　　　3.2 任务评价单

任务 3　制订相关需求的采购计划

任务描述

AAA 公司生产部制订了一个从 2020 年 1 月 1 日起为期 8 周的 26 寸山地自行车的主生产计划,如表 3-17 所示,该主生产计划包括销售部门给出的同期销售预测,以及此期间要交付的客户订单。

表 3-17　26 寸山地自行车的 8 周主生产计划　　　　　　　单位：台

周期	1	2	3	4	5	6	7	8
总需求量	75	80	70	72	120	100	100	110

注：2020 年 1 月 1 日起计，每周 7 天。

为完成生产，2019 年 12 月 18 日采购计划主管王洪指派采购计划专员赵志强制订自行车轮胎(物料名称：自行车轮胎；物料编号：5741200027；零件代码：D；规格：COUNTRY DRY 2)的采购计划。

经查该款 26 寸山地自行车所需的自行车轮胎现有库存量是 40 条，前期下达的订单将在第 1 周期和第 3 周期分别到货 300 条，采购部采购的批量为 300 条。26 寸山地自行车需要外购的零部件 BOM 清单见表 3-18。

表 3-18　26 寸山地自行车需要外购的零部件 BOMI 清单

零件代码及层次		每一装配件需用的数量	前置时间/周
0	1		
A			0.2
*	B	2	2
*	C	1	2
*	D	2	2
*	E	2	2
*	F	1	2

注：B—自行车刹把；C—自行车车灯；D—自行车轮胎；E—自行车脚蹬；F—自行车鞍座。

要求：以采购计划专员赵志强的身份，编制自行车轮胎的采购计划。

任务分析

AAA 公司生产部拟制订自行车轮胎的短期(周)生产计划，采购部需要根据生产部短期(周)对自行车轮胎的主生产计划，制订短期(周)采购计划，即采购订单计划。本任务中学习运用 MRP 原理，制订自行车轮胎的短期(周)采购计划。

知识准备

由于相关需求与产品有直接的关系，可以用物料需求计划的方法确定采购批量和采购时间，编制相关需求的采购计划。

物料需求计划(material requirements planning，MRP)是计算生产最终产品所用到的原材料、零部件和组件的系统。

3.3.1　MRP 的原理

MRP 采用逆向计划过程，利用主生产计划、物料清单、存货和已订未交的订单等资料，计算各种物料订货或加工开始日期和完成日期。这个计划是通过计算机从一项订货或工作的完工日期开始反推来确定开工日期和每项操作的完工日期。根据已知的交货时间和现有的库存订购物料,通过采购或加工恰当品种和数量的零部件,在恰当的时间订货或开始加工,维持可能最低的库存水平。

1. MRP 的逻辑结构

MRP 的逻辑结构如图 3-8 所示。

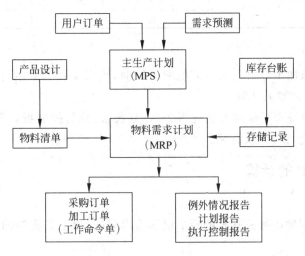

图 3-8　MRP 的逻辑结构

MRP 计划主要解决以下 4 个问题。

(1) 要生产什么? 主生产计划确定最终产品计划出产的数量和时间

(2) 要用到什么? 根据 MPS 中的产品项按 BOM 清单展开,确定每一时段的各种零部件种类,进而确定为生产最终产品需要的零部件的数量。

(3) 已经有什么? 根据库存信息或物料可用量确定。若零部件在库存中的可用量(现存量+预计到达量)能满足当前需求,则不需要继续生产(或订货);反之,则需要继续生产(或订货)。

(4) 还缺什么? 什么时候到达? 根据生产提前期(采购前置时间)发出加工(或订货)指令。

2. MRP 的输入和输出

1) MRP 的输入

MRP 的输入有 3 个部分:主生产计划、产品结构文件和库存文件。

(1) 主生产计划(master production schedule,MPS)。主生产计划是确定每一个具体产品在每一个具体时间段的生产计划。主生产计划是一个综合性计划,是 MRP 的主要输入,相当于产品出产进度计划,是 MRP 运行的驱动力量。MPS 确定了最终产品的出产时间和出产数量。产品的需求量可以通过用户订单,需求预测而得到。MRP 中的主生产计划所体现的产品出产进度要求以周为计划时间单位,如表 3-19 所示的某公司的主生产计划。

(2) 产品结构文件(BOM 清单)。

(3) 库存文件。其功能是保持每一种零部件的有关数据,最重要的是存货数量的信息。

表 3-19　某公司的主生产计划　　　　　　　　　单位：台

项　目	1 月				2 月				3 月			
周次	1	2	3	4	5	6	7	8	9	10	11	12
A1 型产量		320	-	320		480		480		640		640
A2 型产量	300	300	300	300	450	450	450	450	600	600	600	600
A3 型产量	80		80		120		120		160		160	
月产量	2 000				3 000				4 000			

2）MRP 的输出

（1）采购订单与加工订单。当所需物料外购时，输出文件为采购订单；当所需物料自行加工时，输出文件为加工订单。

（2）各种记录与报告。如例外情况报告、计划报告、执行控制报告等，记录与报告可以根据使用者的要求进行增加或调整。

3.3.2　MRP 的计算

1. 计算思路

通过主生产计划导出有关物料的需求量和需求时间，再根据物料的前置期逆推出投产或订货的时间。

2. 计算步骤

步骤 1：计算物料的毛需求量。

根据主生产计划、物料清单得到第 1 层级物料品目的毛需求量，再通过第 1 层级物料品目计算下一层级物料品目的毛需求量，以此类推。

步骤 2：计算净需求量。

根据毛需求量、可用库存量、已分配量等计算出每一种物料的净需求量。

步骤 3：计算批量。

由相关计划人员对物料生产做出批量策略决定。

步骤 4：计算安全库存、废品率和消耗率。

由计划人员规划是否要进行这 3 项指标的计算。

步骤 5：下达计划订单。

通过以上计算，根据前置期生成计划订单。

3. 算例

某企业生产 Q 产品，Q 产品现存量为 10 单位，前置时间为 2 周，批量为 25 单位。产品各时段的总需求量如表 3-20 所示（每个时段长为 1 周）。已知时段 1 和时段 2 的预计到达量分别为 10 单位和 25 单位。

表 3-20　产品各时段的总需求量

时段序号	1	2	3	4	5	6	7	8
总需求量	10	15	25	25	30	45	20	30

Q 产品的结构层次(BOM)如图 3-9 和表 3-21 所示。

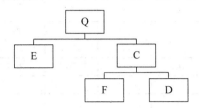

图 3-9　Q 产品的结构层次(BOM)

表 3-21　错口式物料清单

零件代码及层次			每一装配件需用的数量	前置时间/周
0	1	2		
Q				2
*	E	*	2	2
*	C		1	2
*	*	D	1	1
*	*	F	2	2

要求：通过 MRP 系统计算表计算得出各时段的计划订货发出量。

运用 MRP 计算 Q 产品净需求量和订单发出时间，结果如表 3-22 所示。

表 3-22　Q 产品的 MRP 计算表　　　　单位：t

时段序号	0	1	2	3	4	5	6	7	8
总需求量 G		10	15	25	25	30	45	20	30
预计到达量 S		10	25						
预计现存量 H	10	10	20	20	20	15	0	5	0
净需求量 N				5	5	10	30	20	25
计划订货到达量 P				25	25	25	30	25	25
计划发出订货量 R		25	25	25	30	25	25		

以上为计算的最终产品情况，考虑产品的结构(图 3-9 和表 3-21)，进一步要计算下一层零件或部件(C 和 E)的需求，此时表 3-22 的输出就成为下一层次计算的输入，如表 3-23 所示。

表 3-23　C 和 E 各时段的总需求量

时段序号	1	2	3	4	5	6
总需求量(C)	25	25	25	30	25	25
总需求量(E)	50	50	50	60	50	50

接着再根据类似表 3-22 的计算方法，计算出零件 E 净需求量和订单发出的时间，即零件 E 的采购计划，计算结果见表 3-24。

表 3-24　零件 E 的 MRP 计算表　　　　　　　单位：t

时段序号	0	1	2	3	4	5	6
总需求量 G		50	50	50	60	50	50
预计到达量 S		80					
预计现存量 H	100	130	80	30	170	120	70
净需求量 N					30		
计划订货到达量 P					200		
计划发出订货量 R			200				

同样,零件 C 也进行相应的计算,但此时还要根据产品 Q 的 BOM,对 C 进行进一步的分解,得出零件 D 和零件 F 的采购计划或生产计划。MRP 会一直计算到 BOM 所确定的最终层次的零件或部件。

 知识链接　　　　**闭环 MRP 和制造资源计划(MRPⅡ)**

闭环 MRP 系统出现于 20 世纪 70 年代中期,是 MRP 系统的推广。早期的 MRP 系统将生产能力视为无限的,这种不考虑生产能力约束的编制作业计划的方法对计划的可行性带来一定的影响。闭环 MRP 系统克服了早期 MRP 系统的缺陷,它把优先计划、生产能力计划及其实施控制有效地结合起来,不但可以提供零部件需求计划,而且能够运用从各个环节得到的反馈信息对生产运作过程实施有效控制。闭环 MRP 流程如图 3-10 所示。

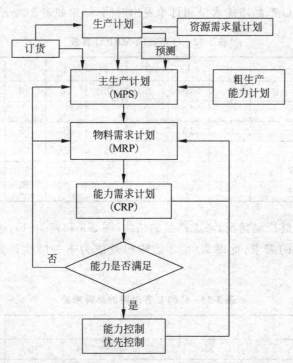

图 3-10　闭环 MRP 流程

20 世纪 80 年代,人们把生产、财务、销售、工程技术、采购等各个子系统集成为一个一体化的系统,并称为制造资源计划(manufacturing resource planning)系统,英文缩写还是

MRP,为了区别物流需求计划(也缩写为 MRP)而记为 MRPⅡ。

MRPⅡ是闭环 MRP 的直接结果和延伸。MRPⅡ并不是一种与 MRP 完全不同的新技术,而是在 MRP 的基础上发展起来的一种新的生产管理方式。MRPⅡ在内容和能力上有了很大扩充,它涵盖了整个企业生产经营活动,包括销售、生产、库存、生产作业计划与控制等,能对所有的生产资料、库存、人力资源、设备、财务、销售等进行综合计划和管理。

MRPⅡ的基础是一个整合的信息系统。这个信息系统的核心是企业所有部门均可以使用的公用数据库。MRPⅡ系统的运行流程如图 3-11 所示。

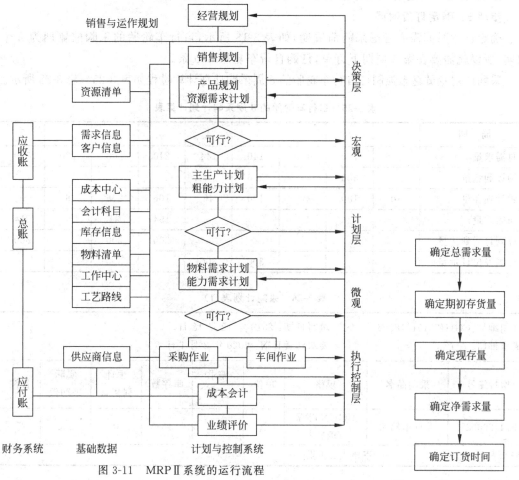

图 3-11　MRPⅡ系统的运行流程

图 3-12　基于 MRP 的相关
需求采购计划制订

任务实施

运用 MRP 原理确定零部件的采购批量和采购时间,具体实施步骤如图 3-12 所示。

步骤 1:确定总需求量。

零件或部件的需求量是根据产品的需求量以及 BOM 清单转化而来的。

步骤 2:确定期初存货量。

自行车轮胎的期初存量为 40 条。

步骤 3：确定现存量。

现存量＝期初存量＋当期到货量－总需求量

步骤 4：确定净需求量。

如果期初存量不能满足本期需求，就产生净需求量，净需求量＝总需求量－现存量。此时要求在当期要到货，到货数量即订货量。自行车轮胎第 4 周期的期末存量即第 5 周期的期初存量只有 46 条，无法满足第 5 周期的需求，净需求量为 194 条，就要求在第 5 周期到货 300 条，所以第 5 周期的期末存量是 106 条。

步骤 5：确定订货时间。

确定订货时间需要考虑采购前置期，如表 3-18 所示，自行车轮胎的采购前置期为 2 个周期，所以就需要在第 3 周期下订单，订购自行车轮胎 300 条。

采购计划专员赵志强制订自行车轮胎的 8 周采购计划计算过程如表 3-25～表 3-28 所示。

表 3-25　自行车轮胎的 8 周采购计划计算表

周　　期	0	1	2	3	4	5	6	7	8
总需求量		150	160	140	144	240	200	200	220
预计到达量		300		300					
预计现存量	40	190	30	190	46	106	206	6	86
净需求量						194	94		214
计划订货到达量						300	300		300
计划发出订货量				300	300		300		

表 3-26　采购计划表（1）

计划编号：CGJH20191218006　　　填写日期：2019 年 12 月 18 日
需求部门：生产部　　　　　　　　要求到货日期：2020 年 2 月 1 日

物料编号	采购品名	规格	单位	需求总量	库存数	预计到货量	实际采购数	备注
5741200027	自行车轮胎	COUNTRY DRY 2	条	200	46	0	300	

编制人：赵志强　　　　　审核人：王洪

表 3-27　采购计划表（2）

计划编号：CGJH20191218007　　　填写日期：2019 年 12 月 18 日
需求部门：生产部　　　　　　　　要求到货日期：2020 年 2 月 8 日

物料编号	采购品名	规格	单位	需求总量	库存数	预计到货量	实际采购数	备注
5741200027	自行车轮胎	COUNTRY DRY 2	条	200	106	0	300	

编制人：赵志强　　　　　审核人：王洪

表 3-28　采购计划表（3）

计划编号：CGJH20191218008		填写日期：2019 年 12 月 18 日						
需求部门：生产部		要求到货日期：2020 年 2 月 22 日						
物料编号	采购品名	规格	单位	需求总量	库存数	预计到货量	实际采购数	备注
5741200027	自行车轮胎	COUNTRY DRY 2	条	220	6	0	300	
编制人：赵志强		审核人：王洪						

任务训练：制订减速机配件的短期采购计划

训练目的：通过本次训练，使学生掌握 MRP 的计算方法，制订基于 MRP 的相关需求的采购计划。

训练方式：以个人为单位完成实训任务。

训练环境：综合实训室（学生每人有一台可上网的计算机，桌椅可拼接），安装采购管理系统软件。

训练内容：JSJ 公司生产部为 D02 型减速机制订了从 2020 年 1 月 1 日起为期 8 周的主生产计划，如表 3-29 所示。

表 3-29　D02 型减速机 8 周主生产计划

周期	1	2	3	4	5	6	7	8
总需求量	130	150	140	124	90	80	78	80

注：2020 年 1 月 1 日起计，每周 7 天。

2019 年 12 月 20 日，采购部采购计划专员林志飞参考生产计划制订滚动轴承和箱体的采购计划（计划编号：CGJH20191220×，从 CGJH2019122012 开始依次填写）。经查询，滚动轴承（物料编号：2141200027；零件代码：D；规格：ZL-6303）现有存货 1 000 件，在第 1 周期和第 2 周期将分别有 600 件、800 件到货，采购批量为 600 件，采购前置期为 1 周。箱体（物料编号：2141200035；零件代码：E；规格：ZL-440-2D）现存货 550 件，第 2 周和第 3 周分别有 70 件、90 件到货，采购批量为 100 件，采购前置期为 2 周。D02 型减速机的 BOM 清单见表 3-30。

表 3-30　D02 型减速机的 BOM 清单

零件代码及层次		每一装配件需用的数量	前置时间/周
0	1		
A			0.2
*	B	1	1
*	C	1	1
*	D	4	1
*	E	1	2

训练要求：以采购计划专员林志飞的身份编制滚动轴承和箱体的 8 周采购计划并提交采购主管赵宇豪审核；以采购主管赵宇豪的身份审核采购计划。

3.3任务工作单　　　　　3.3任务检查单　　　　　3.3任务评价单

学 习 总 结

　　采购计划是为了满足销售或生产,因此必须根据销售计划和生产计划来制订。制订计划时还要用到大量的基础数据,这些基础数据是企业自己所特有的数据。现实中,企业中长期采购计划具有指导性和方向性。

　　企业的物料需求分为独立需求和相关需求。对企业日常采购所需要物料的计划主要是确定采购批量和采购时间,通过采购控制企业的库存。一般企业独立需求的采购计划是通过定量订货模型和定期订货模型来确定该种物料的采购批量和采购时间,相关需求的采购计划通过 MRP 的计算确定每一层级所需要的采购时间和采购批量。

学 习 测 试

一、单项选择题

1. (　　　)系统是发现采购需求的常用方法之一。

　　A. 定量订购　　　　　B. 重复订购点　　　C. JIT　　　　　　D. EOQ

2. 采购计划受到销售计划和生产计划的影响的说法(　　　)。

　　A. 正确　　　　　　　B. 不正确　　　　　C. 无法确定　　　D. 以上都不对

3. 所谓订货前置期,就是(　　　)。

　　A. 从确定一个请购要求算起到完成该订货所用的时间

　　B. 从确定一个请购要求算起到下一次确定一个请购要求所用的时间

　　C. 从上一次完成订货的时间算起到下一次完成订货所用的时间

　　D. 从完成上一个订货算起到确定下一个请购要求所用的时间

4. 物料消耗定额是编制(　　　)的依据和考察物料消耗的标准。

　　A. 物料计划　　　　　B. 生产计划　　　　　C. 采购计划　　　D. 以上都不对

5. 某底板在第 1 周,现有库存量 80 件减去毛需求量 50 件,剩下的现有库存量为 40 件。第 3 周预计入库 110 件,毛需求量 50 件,那么新的现有库存量有(　　　)件。

　　A. 40　　　　　　　　B. 80　　　　　　　　C. 90　　　　　　D. 110

6. 下列(　　　)与制订订单计划过程中的下单时间无关。

　　A. 安全库存　　　　　　　　　　　　B. 要求到货时间

　　C. 认证周期　　　　　　　　　　　　D. 下单周期缓冲时间

7. 在制订订单计划过程中,下单数量与(　　　)成正比。

　　A. 生产需求量　　　B. 计划入库量　　　C. 安全库存量　　　D. 现有库存量

8. 公司计划在未来一年内采购 C 货物 8 000kg,每次采购相同的数量,已知每次采购成本为 50 元，每千克货物的全年库存成本为 5 元，C 货物的价格为 80 元/kg。该公司 C 货物的经济订货批量为（　　）t。

    A. 1 600　　　　　　B. 400　　　　　　C. 40　　　　　　D. 8 000

9. 很难提前做出需求预测且各次需求有不同的参数和规格的采购应当采取（　　）。

    A. 现货采购　　　　B. 定期采购　　　　C. 无定额采购　　　D. 定额合同

10. 生产计划是以（　　）为主要依据。

    A. 销售计划　　　　　　　　　　　　B. 订单

    C. 客户需求　　　　　　　　　　　　D. 企业的生产能力

11. 物料采购量过小，会造成（　　）。

    A. 采购成本过高　　　　　　　　　　B. 存货储存成本过高

    C. BOM　　　　　　　　　　　　　　D. NPK

12. 在外购绿化服务时，买方可能会在与其园丁公司签订的合同中规定，使用特定教育背景的园丁和 Outcast 牌低噪声高效割草机，每个星期修剪一次草坪。然而，买方也可以在合同中规定，园丁必须保持不超过 3cm 的高度，同时把工作时的噪声保持在若干分贝以下。关于这段话的描述错误的是（　　）。

    A. 在第 2 种情况下，园丁会每周都修剪草坪（冬天也如此），因为这是与客户协定的

    B. 在第 1 种情况下，园丁会每周都修剪草坪（冬天也如此），因为这是与客户协定的

    C. 在第 2 种情况下，园丁只有在需要的时候才会修剪草坪

    D. 产品必须具有满足用户需求的功能

13. MRP 的中文表述是（　　）。

    A. 主生产计划　　　　　　　　　　　B. 物料资源计划

    C. 物料需求计划　　　　　　　　　　D. 企业资源计划

14. 物料需求计划的输入不包括（　　）。

    A. 主生产计划　　　B. 物料清单　　　C. 库存状态文件　　D. 源代码

二、多项选择题

1. 采购计划的作用有（　　）。

    A. 可以有效地规避风险

    B. 协调企业各部门之间的合作经营

    C. 有利于对企业物流成本进行控制与监督

    D. 为企业组织采购提供依据

    E. 有利于资源的合理配置，以取得最佳的经济效果

2. 在（　　）之间实现平衡是每个采购人员所面临的挑战。

    A. 安全库存　　　　　B. 需求数量　　　　　C. 库存数量

    D. 订货数量　　　　　E. 采购前置期

3. 作为一名经验丰富的采购人员，为了规划供应活动，需要制订一份采购计划概要。一般来说，这份采购计划概要应该包括（　　）。

    A. 采购类型和目的　　　　　　　　　B. 进行采购的部门

    C. 相关的法律、法规　　　　　　　　D. 产品或服务描述

4. 下列影响商品采购总量确定的因素有( )。

    A. 市场需求变化   B. 企业信用关系

    C. 商品价格的涨跌   D. 银行利率高低

5. MRP 的输入文件包括( )。

    A. 采购计划   B. 主生产计划   C. 物料清单

    D. 库存文件   E. 生产计划

6. MRP 的输出文件包括( )。

    A. 采购计划   B. 主生产计划   C. 物料清单

    D. 库存文件   E. 生产计划

三、判断题

1. EOQ 系统中每个项目都有一个预先确定的订购点和订购数。 ( )

2. 生产计划可以精确地反映企业的实际生产条件和预测生产环境的改变。 ( )

3. 订货前置期的一致性和连续性要比时间本身的长短重要得多。 ( )

4. 提前购买会增加企业的库存持有成本。如果使用这种战略,采购人员必须综合权衡库存持有成本增加与商品短缺或价格上涨的影响大小。 ( )

5. 物料消耗定额是编制物料计划的依据和考核物料消耗的标准。 ( )

6. ABC 分类法则是 80/20 原则。 ( )

7. 在定量订货模型中要求规定一个订货点,当库存水平达到订货点时,就应该进行订货 ( )。

8. 在定期订货模型中,不同时期的订货量不一定相同,订货量的大小主要取决于各个时期的使用率。 ( )

9. 定量订货模型适合于品种数量大、占用资金少的超市产品。 ( )

10. 在定期订货模型中,在盘点期进行再订货,同时必须保证一定量的安全库存。( )

四、案例分析题

OJB-015 产品是 A 公司的主要产品之一,它的错口式 BOM 清单如表 3-31 所示。

表 3-31 OJB-015 产品错口式 BOM 清单

0级	1级	2级	3级	数量	属性	前置时间/周
	OJB-015				装配件	1
				2	装配件	1
				1	装配件	1
		OJB-015-01-02	OJB-015-01-02A	1	加工件	1
			BZ4604	2	外购件	0.2
			OJB-015-01-02B	1	加工件	2
OJB-015	OJB015-01	OJB-015-01-03		1	外购件	4
				2	装配件	1
			Y07B-03-12A	1	加工件	1
		Y07B-03-12	Y07B-03-12B	1	加工件	1
			Y07B-03-13C	2	加工件	2
			BZ4604	2	外购件	2

续表

0 级	1 级	2 级	3 级	数量	属性	前置时间/周
	BZ4612			8	外购件	0.2
				1	装配件	1
OJB-015	OJB-015-02	OJB-015-02-01		2	加工件	2
		Y12C-11-13		1	加工件	1
		BZ4702		4	外购件	0.2
	Y12A-04			1	外购件	4

OJB-015 产品中的零件 OJB-015-01-02A 是一个简单的轴类零件,由 A 公司自己加工,零件的简图如图 3-13 所示。

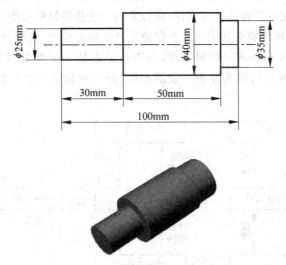

图 3-13　零件 OJB-015-01-02A 简图

工艺部门给出的定额是直径 45mm、长度 105mm 的棒料,材质是 45♯钢,采购部门也一直按此规格购买。但近期市场上十分缺乏这种规格的材料,采购部门询问了多家供应商都没有,只有直径 40mm 和 50mm 的材料。

案例问题:

(1) 画出 OJB-015 产品的产品结构图(BOM 清单)。

(2) 采购部门应如何购买?测算购买的材料规格和该零件的有效消耗、工艺性消耗和非工艺性消耗。(钢的密度是 7.85g/cm³)

学习案例

集团模式采购计划管理系统新论

采购计划管理系统的应用使采购计划的制订更加科学简单,既提高了企业管理水平,又减少了库存积压,降低了资金占用,对于保证生产正常进行具有非常重要的意义。

1. 集团模式采购计划管理情况介绍

山东某集团由 4 个子公司组成,公司经营产品类似,整个集团的采购额度每年有 2 亿元左右。集团成立采购部以后,一直进行比质比价管理,采购流程十分规范。由于集团成立时间短,特别是采购的大宗物资可以进行集中采购,所以集团决定对采购工作进行统一管理。但 4 个子公司分布比较分散,采购计划的提报十分麻烦,另外采购计划的控制也不好执行。由于采购额度巨大,控制不好会造成很大的经济损失,集团决定和思维软件合作,利用信息技术改进采购计划的管理工作。

首先集团对采购工作流程进行了分析调整,对采购物资进行了分类。根据企业的实际情况把采购物资划分为以下 3 种情况。

第 1 种情况是主要原材料,根据合理化库存进行采购,各公司不用提报采购计划,集团采购部制定每种原材料在各公司的合理库存,自行采购。这些原材料有十多种,但由于生产是连续进行的,所以主要原材料的正常供应对于保障生产是很重要的,在资金方面也是优先照顾。

第 2 种情况是各公司相同的物料需求,由于企业正处于不断发展的阶段,使用 MRP II 中对采购计划的要求来进行管理还有一定的难度,公司便制定了适合企业发展的采购流程,如图 3-14 所示。

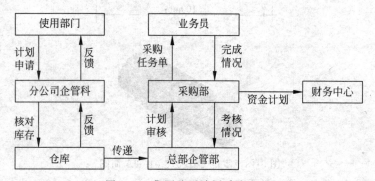

图 3-14 集团公司计划采购流程

第 3 种情况是各公司自己进行零星物资的采购,主要是生产急需物资和非生产性小额物资,但每月要把采购情况形成报表,提供给集团采购部进行抽查,确保采购的质量和采购成本。

第 1 种情况涉及的材料种类少,但数量大,主要采用 Excel 表格进行传递,分公司仓库管理员及时把每种原料的库存录入报表中,发送到总部。采购部进行汇总,直接下达采购任务单。第 3 种情况是由分公司自行采购的部分,采购计划的管理由分公司企管部进行汇总,也以 Excel 表格的形式进行传递。最麻烦的是第 2 种情况,包括采购计划的提报、审核、传递、综合平衡、分配、考核等过程,为了使全过程脱离手工操作,促进数据共享和传递,集团自行开发了采购计划管理系统。采购采用 VB(程序设计语言)开发,数据库采用 SQL Server (关系型数据库管理系统),采用 C/S(软件系统体系)结构。

2. 集团采购计划管理系统基本流程

采购计划是整个企业供销链系统的重要组成部分。采购计划也是供销链系统的入口,及时准确的采购计划,对降低库存、避免出现物料短缺、保证生产的正常进行具有重要意义。根据公司现行的比质比价办法,保证公司的采购质量得以提高,采购成本得以降低,同时给采购计划的制订也提出了一些特殊要求,结合质量认证,整个计划管理工作也更加程序化。

采购计划分为月计划和临时计划,月计划一般在前月的 24 日前提报,先由各部门把采购计划提供给企管部,企管部根据公司的实际情况进行审批,然后汇总提供给分公司仓库,仓库管理人员将现有库存情况进行统计整理,录入计算机。有的分公司有库存管理系统,可以结合起来使用。

在计划的录入过程中,系统根据公司名称和时间自动生成计划编号与序号,不用人工录入。公司对常用物品进行了代码化,在输入采购物品名称时,只要敲几个字母就可以自动生成汉字的物品名称,省去了录入汉字的烦琐。每一种物品都有一个助记码,可以自己根据情况定义。临时计划的提报步骤与月计划的提报相同,如果有大型的设备需要提报计划,需要专门的提报单。

计划经过审核无误后,就可以发送,计划的发送主要是把计划传送到企管部,只需按一下"发送"按钮,就可以把数据库文件复制到服务器上,无需发传真、打电话,准确快捷。数据首先进行压缩,然后自动复制,数据库文件以分公司的名字命名。

企管部对收到的采购计划进行审核,选择分公司后,所有未审核的计划全部列出,审核的目的是根据集团目前的资金情况和各公司的物资库存情况进行综合平衡。如果能进行调剂,就不把计划下发到采购部。另外,由于资金和项目建设对一些不需要购买的物资进行控制。对需要购买的物资进行 A、B、C 分类(主要依据物资对生产的重要程度和紧急程度),方便对采购部门的考核。在这个过程中,企管部可以进行修改计划,但修改后的计划必须反馈给分公司。

采购计划传递到采购部后,采购计划就生效了,同时财务中心可以看到采购计划的分布情况。采购资金的汇总情况可以自动生成报表,主要按分公司、按物资 ABC 分类进行汇总,这样财务中心对采购资金的总体情况就能了如指掌。

采购部对接收到的采购计划进行分配,把计划落实到每一个业务员,在操作过程中比较简单,因为计划在录入过程中包含了物资的种类,这样在分配计划时可以按物资种类进行排序,例如,把五金类的交付给业务员甲,办公类的交付给业务员乙。

采购完成以后,在物资入库时根据采购计划编号和序号进行登记,详细记录入库日期,以便对供应采购计划的完成情况进行统计。然后,采购部根据采购计划的完成情况对业务员进行考核,企管部根据采购的物资的使用情况对分公司进行考核。

采购计划系统的应用使采购计划的制订更加科学简单,提高了企业管理水平,减少库存积压,降低资金占用,对于保证生产正常进行具有非常重要的意义。

3. 集团模式采购计划管理系统的特点

采购计划管理系统经过试运行,现已推广到 4 个子公司,通过对系统应用过程中情况的了解,可以看出整个系统具有以下几个特点。

(1) 适合刚刚成立集团企业的单位,要求对采购进行集中管理,特别是产品类似、采购业务类似的集团企业。

(2) 系统录入简便,具有提示功能。为了适应同类物资、不同规格的采购计划的录入,系统可以一次添加几行相同的记录,然后修改其规格,录入提报的计划一般按照需用部门进行录入,只要录入一次需用部门,就可以利用系统的"拖曳"功能把所有需用部门自动填上。

(3) 考虑了操作中的失误和各级部门的权限。计划录入完成以后,可能有错误,并且仓库管理员根据目前的仓库情况应当修改一些物资的采购数量,录入人员可以对部门提报的计划进行修改。分管经理也可以对提报的计划进行修改,保证采购数量既满足需求,又不造成过剩积压。

(4)方便了计划的传输。通过建立的网络可以把分公司审核后的计划发送到总部企管部进行类别划分,整个传输过程只需 2min,不再需要专人上报。

(5)计划的类别划分和采购任务的分配简便,只需输入 A、B、C 进行拖曳(和在 Excel 中的操作类似),在计算机中进行划分比手工划分更快、更方便。采购计划到达采购部门后,应把采购计划变为采购任务单下发到各业务员,系统按物资类别调入没有分配的采购计划,操作员根据业务员的分工,确定每一项采购任务由哪个业务员来完成,最后按业务员打印出来采购任务单。

(6)查询方便,责任明确。采购计划发送以后,计划提报人或部门经理都不能修改,只能查询。查询可以根据需用部门、提报日期进行查询、打印。查询还可以考核提报单位提报的物资数量和规格是否准确可靠。

(7)统计分析功能强大。系统可以自动汇总各部门提报计划的所需资金,传送到财务中心。月底系统可以对采购计划整体情况和采购任务完成情况进行考核汇总。

4. 集团模式采购计划管理系统的应用经验

采购计划管理系统是一种信息系统,要求数据的准确性。规范化是准确性的前提,没有规范就谈不上准确。数据的及时性、准确性和完整性是计算机管理系统的基本要求。这里"及时"是指必须在规定的时间进行和完成数据的采集与处理,"准确"就是必须去伪存真、符合实际,"完整"是指要满足系统对数据项规定的要求,没有疏忽遗漏。软件的功能再强,也难以分辨数据的真伪,最多只能做些逻辑判断,如日期的先后、字段或数字的位数、是否大于或小于某个值等。在系统开发过程中,采取了必要的措施,保证各项数据的准确与完整。

为了保障数据的准确,公司多次强调要认真操作,不能马虎,特别是注重核对工作。大家在录入时可能出现错误,系统给予修改的机会,但在实际操作过程中,还是出现了大量的不该出现的错误。所以,在系统的推广过程中,对于细心操作强调的是最多的,也是最重要的。

计算机在企业所发挥的作用是长期的、潜移默化的,不像一些产品马上能创造效益。公司实施采购计划系统后,大家体会到了它带来的方便,也体会到了它带来的烦恼,例如,系统出现故障时无所适从。甚至有人产生了抵触情绪,使系统的推广工作受到了影响。公司通过及时修改系统满足使用者的要求,努力征求部门负责人的支持,从而使系统得到了大家的认可。

采购计划管理系统是库存管理的继续,是采购管理的前提,应用好它对于其他系统来说也是一个促进。采购计划管理系统的实施使工作效率大大提高,特别是利用计算机网络传输,在上报时录入一次就可以,避免了重复书写和复印。企业可以利用更多的时间进行分析和预测,而不是把大量时间用在计划的抄写和审核上。以前在采购计划的传输过程中经常出现错误,经常打电话联系核对。现在采用了计算机管理,避免了错误的出现,减少了大量的费用。利用系统统计分析,例如,统计各分公司计划提报的项目、分类明细,分析临时计划的比例和项目,控制临时计划的数量,促进采购工作的进行。另外,利用计算机进行采购计划管理,工作流程更明确,各部门的责任也更明确,出现问题易于查找分析。

总之,采购计划管理系统的应用使采购计划的制订更加科学简单,提高企业管理水平,减少库存积压,降低资金占用,对于保证生产正常进行具有重要意义。

学 习 评 价

核心能力评价

通过本项目学习,你的	核心能力	是否提高
	制订计划能力	
	管理库存能力	
	与人沟通能力	
	团队合作能力	
	解决问题能力	
	自主学习能力	

自评人(签字)　　　　　　　　　　　　教师(签字)

　　　　　　　　年 月 日　　　　　　　　　　　　年 月 日

专业能力评价

通过本项目学习,你	能/否	准确程度	专业能力目标
			绘制产品结构图
			根据销售计划和生产计划编制采购计划
			根据各部门需求编制独立采购计划
			运用订货模型编制独立的采购计划
			运用 MRP 编制相关需求的采购计划

自评人(签字)　　　　　　　　　　　　教师(签字)

　　　　　　　　年 月 日　　　　　　　　　　　　年 月 日

专业知识评价

通过本项目学习,你	能/否	精准程度	知识能力目标
			掌握销售计划与生产计划的关系
			掌握产品结构的基本原理
			掌握定量订货和定期订货的基本原理
			掌握经济订货批量原理与计算方法
			掌握 MRP 的基本原理和推演方法

自评人(签字)　　　　　　　　　　　　教师(签字)

　　　　　　　　年 月 日　　　　　　　　　　　　年 月 日

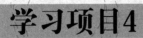

学习项目4

进行采购洽商

➡ 学习目标

【知识目标】

1. 熟悉选择供应商的标准。

2. 掌握选择供应商的方法。

3. 掌握采购谈判方案的主要内容。

4. 了解采购谈判的基本流程。

5. 熟悉采购谈判的策略。

6. 掌握采购合同的基本内容和格式。

【能力目标】

1. 能够按照一定标准选择供应商。

2. 能够制订采购谈判方案。

3. 能够在谈判中灵活运用谈判策略。

4. 能够草拟采购合同(协议)。

【素质目标】

1. 具备法律意识。

2. 具有应变能力。

3. 具有协调沟通能力。

4. 具有团队协作精神。

5. 具有判断选择能力。

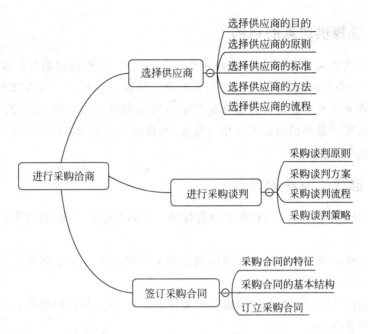

当企业完成采购计划工作后,就要寻找供应商,与供应商就采购事宜进行洽商,通过谈判双方达成一致,并签订采购合同。

任务 1   选择供应商

任务描述

AAA 公司拟外购下列零部件:自行车刹把、自行车车灯、自行车外胎、车轮钢架、自行车鞍座。

通过前期供应商调查工作,供应商关系专员宋佳琪针对每一类零部件选出了 3 家供应商作为候选供应商。她将 3 家供应商的情况汇报给了采购经理李翔飞,由李翔飞从中各选择 1 家供应商作为谈判供应商。

要求:请以采购经理李翔飞的身份,针对一种自行车零部件,选择 1 家供应商谈判。

任务分析

一般来说,企业采购部门为完成采购计划,会根据原有合格供应商目录来选择。如果原有合格供应商不能满足企业的需求,企业则会根据采购物资的类别、数量、品质要求和交货期等要素,重新选择供应商。要完成上述任务,需要确定供应商选择的标准,对候选供应商进行比较和分析,最终选择合适的供应商。

知识准备

4.1.1　选择供应商的目的

从供应链的角度来看,供应链主要由供应商、生产商或制造商和销售商构成。供应商是整个供应链的"狮头",因此,对供应商的选择是供应链运行的基础。供应商在交货、产品质量、前置期、库存水平和产品设计等方面都影响着制造商的成功与否。同时,供应商所供产品价格和质量决定了最终消费品的价格与质量,从而也决定了最终产品的市场竞争力,并影响整个供应链的核心竞争力。

4.1.2　选择供应商的原则

(1) 目标定位原则。企业应根据企业目标制定采购商品的品质、数量和技术目标,并据此选择供应商。

(2) 优势互补原则。企业选择的供应商应在某领域具备比企业更强的优势,双方在合作中实现优势互补,共同提高。

(3) 择优选择原则。企业在相同报价和交货条件下,应选择品牌形象好,为著名企业提供产品和服务的供应商。

(4) 共同发展原则。企业应选择可全力配合发展的供应商作为合作伙伴,建立利益共同体,实现稳固而互利的关系。

4.1.3　选择供应商的标准

1. 选择供应商短期标准

(1) 商品质量合适。

(2) 成本低。

(3) 交货及时。

(4) 整体服务水平好。

(5) 履行合同的能力强。

2. 选择供应商长期标准

(1) 财务状况是否稳定。供应商的财务状况直接影响其交货和履约的绩效。如果供应商的财务出现问题,就会导致供应中断,存在供应链断链。

(2) 管理与组织是否良好。供应商内部组织与管理是关系到未来供应商服务质量的因素,供应商内部组织机构的合理设置影响采购的效率和质量。

(3) 供应商人员是否稳定。供应商企业人员是否稳定可衡量企业管理的绩效。供应商员工的平均年龄、流失率也是反映企业管理的指标。

 案例分享　　　　　**马自达选择供应商五大标准**

一汽马自达在选择供应商时严格按照马自达企业制定的以下 5 项国际标准。

（1）考察供应商的产品开发能力，有些零部件是完全国内开发，有些是与马自达企业合作。因为设备、工艺都不一样，供应商开发能力的强弱就成为零部件品质的关键。

（2）考察供应商的质量保证体系。

（3）考察供应商的成本控制能力，以此降低一汽马自达的采购成本。

（4）考察供应商的生产和销售能力，评估其管理理念和销售计划。

（5）考察供应商的售后服务能力。产品一旦出现质量问题，一汽马自达就能及时提出有效的应对措施，切实保证用户的利益。

4.1.4　选择供应商的方法

1. 直观判断法

直观判断法是一种主观性较强的判断方法，主要是倾听和采纳有经验的采购人员的意见，或者直接由采购人员凭经验做出判断。其特点是运作方式简单、快速、方便，但是缺乏科学性，受掌握信息的详尽程度限制。适用于选择企业非主要原材料的供应商。

2. 评分法

评分法是依据对供应商评价的各项指标，按供应商的优劣档次，分别对各供应商进行评分，选得分高者为最佳供应商，它是一种主观选择评价供应商的方法。

案例分享　　　　　**某采购企业对供应商的评价**

某采购企业列出对供应商评价的 10 个项目：①产品质量；②技术服务能力；③交货速度；④能否对客户需求做出快速反应；⑤供应商信誉；⑥产品价格；⑦延期付款期限；⑧销售人员的才能和品德；⑨人际关系；⑩产品说明书及使用手册的优劣。

每个评分标准分为 5 个档次，并赋予不同的分值，极差（0 分）、差（1 分）、较好（2 分）、良好（3 分）、优秀（4 分），满分 40 分。

采购单位对供应商的评分情况如表 4-1 所示。

表 4-1　采购单位对供应商的评分情况

序号	项　目	极差	差	较好	良好	优秀
1	产品质量					√
2	技术服务能力				√	
3	交货速度			√		
4	能否对客户需求做出快速反应				√	
5	供应商信誉				√	
6	产品价格				√	
7	延期付款期限				√	
8	销售人员的才能和品德					√
9	人际关系					√
10	产品说明书及使用手册的优劣			√		
合计得分		31 分（百分制 78 分）				

3. 综合评分法

综合评分法是指规定衡量供应商的各个重要标准的加权分数，根据以往交易的统计资料，分别计算各供应商的得分，选择得分高者为最终供应商。它是一种客观选择方法，基本操作步骤如下。

（1）针对采购资源和内部客户要求列出评价指标与相应权重。

（2）列出所有的备选供应商。

（3）由相关人员对各供应商的各项指标打分。

（4）对各供应商的所有指标得分加权求和得到综合评分。

（5）按综合评分将供应商排序，选择得分最高，即综合评价结果最好的供应商。

实战训练：运用综合评分法选择供应商

某采购部门按以下分数分配比例来评价本地区供应商：产品质量 40 分，价格 35 分，合同完成率 25 分。根据表 4-2 所示 4 家供应商统计资料，从中选择合适的供应商。

表 4-2　4 家供应商统计资料

供应商	收到货物数量/个	验收合格数量/个	单价/元	合同完成率/%
甲	2 000	1 920	89	98
乙	2 400	2 200	86	92
丙	600	480	93	95
丁	1 000	900	90	100

4. 成本比较法

对于采购商品质量与交付时间均满足要求的供应单位，通常是进行采购成本比较。采购成本一般包括售价、采购费用、运输费用等各项支出的总和。

实战训练：运用成本比较法选择供应商

某单位计划期需采购某种物资 200t，甲、乙两个供应商供应的物资质量均符合企业的要求，信誉也都比较好。离企业比较近的甲供应商的报价为 320 元/t，运费为 5 元/t，订购费用（采购中的固定费用）支出为 200 元；离企业比较远的乙供应商的报价为 300 元/t，运费为 30 元/t，订购费用支出为 500 元。

根据以上资料，计算从甲、乙两个供应商采购所需支付的成本。

5. 招标法

招标法是由采购单位提出招标条件，各投标单位进行竞标，由采购单位决标，与提出最有利条件的供应商签订协议。主要有公开招标和邀请招标。

4.1.5　选择供应商的流程

以制造企业为例，选择供应商一般需要经过"收集信息—初步评审—提出候选名单—深入评审—评审排序—确定供应商名单"的过程。

审核供应商

任务实施

供应商选择的实施步骤如图 4-1 所示。

步骤 1：制定供应商选择标准。

选择供应商的标准可以分为长期标准和短期标准，对于每一类自行车零部件供应商，根据 AAA 公司对各类供应商的预期，制定长期标准和短期标准。

步骤 2：对供应商进行评价。

运用任何一种选择方法（如直观判断法、评分法、综合评分法、成本比较法、招标法）对候选的供应商进行评价。

步骤 3：选择谈判供应商。

通过对现有供应商的评价，选出邀请谈判的供应商。

图 4-1　供应商选择的实施步骤

任务训练：选择谈判供应商

训练目的： 通过本次训练，使学生掌握供应商选择的方法和流程，能够从前期所调查的 3 家供应商中选择 1 家进行谈判的供应商。

训练方式： 以小组为单位完成实训任务，小组进行分工合作，每个组员完成相应任务，并署名。

训练环境： 综合实训室（学生每人有一台可上网的计算机，桌椅可拼接）。

训练内容： JSJ 公司采购部的供应商关系专员许雅新围绕减速机的相关零部件完成了基本的供应商调研。针对每一类零部件初步筛选了 3 家供应商，采购部拟从中选择 1 家供应商开展谈判。

训练要求： 请以采购主管赵宇豪的身份，在前期供应商调查的基础上，选择 1 家谈判供应商。

4.1 任务工作单　　　　　　4.1 任务检查单　　　　　　4.1 任务评价单

任务 2　进行采购谈判

任务描述

AAA 公司采购经理李翔飞通过对候选供应商的选择与评价，确定与恒久橡胶公司进行采购自行车外胎的谈判。

要求：以采购专员张志东的身份草拟谈判方案,并以采购经理李翔飞的身份组织采购谈判。

任务分析

企业采购部门通过前期供应商调查和选择,最终选定一家谈判供应商进行谈判。为获得期望的谈判结果,谈判之前需要做充分的谈判准备,谈判过程中又需要运用多种谈判策略。

知识准备

采购谈判是采购部门经常发生的业务活动。采购谈判的目的：①希望获得供应商提供的满足合同规定的品种、规格、数量、价格、支付条件的产品或服务；②确保供应商能够及时按照合同约定履行供货；③在发生采购商品差错、事故、损失等纠纷时,双方协商解决索赔事宜；④说服供应商给予采购商更大的合作与支持；⑤采购商与供应商发展长期的合作伙伴关系。

认知谈判

4.2.1　采购谈判原则

(1) 双赢原则。在谈判中兼顾双方的利益,谈判的结果应满足谈判各方的合法利益,能够公平地解决谈判各方的利益冲突。

谈判中三角利益的平衡关系如图 4-2 所示。

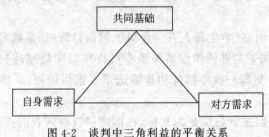

图 4-2　谈判中三角利益的平衡关系

(2) 自愿原则。具有独立行为能力的交易各方能够按照自己的意愿进行谈判并做出决定。自愿是双方顺利进行合作的基础。

(3) 合法原则。所谓合法,包括两个方面：一是谈判各方所从事的交易项目必须合法；二是谈判各方在谈判过程中的行为必须合法。

(4) 诚信原则。谈判各方应该本着诚信的态度,尽量做到信息对称和信息透明。

4.2.2　采购谈判方案

采购谈判方案就是在谈判开始前对谈判目标、谈判议程、谈判策略预先所做的安排。谈判方案是指导谈判人员行动的纲领,在整个谈判过程中起着非常重要的作用。

1. 采购谈判方案的要求

(1) 简明扼要。尽量使谈判人员记住谈判的主要内容和基本原则,使谈判人员根据方案的要求与对方周旋。

(2) 明确具体。谈判的目的明确,以谈判的具体内容为基础。

（3）富有弹性。①有几个可选的谈判目标；②策略方案根据实际情况可选择某一种方案；③指标有上下浮动余地；④要有备选方案，以应对突发情况。

2. 采购谈判方案的主要内容

采购谈判方案的内容包括谈判目标、谈判策略、谈判议程、谈判人员分工职责、谈判地点等内容。

谈判议程的安排对于谈判双方非常重要，谈判议程一般要说明谈判时间安排和谈判议题。

谈判人员的组成应根据采购谈判对知识的要求配备不同知识结构的人员，如领导、技术人员、商务人员、法律人员、财务人员、记录人员等。谈判人员按照要求排座。

4.2.3　采购谈判流程

不同企业、不同目的及不同物资的采购，其流程不尽相同，但基本流程如图 4-3 所示。

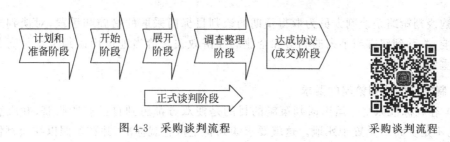

图 4-3　采购谈判流程　　　　采购谈判流程

采购谈判分为合同签署前、合同谈判中、合同签署后 3 个大的阶段，细化为 7 个阶段，如图 4-4 所示。

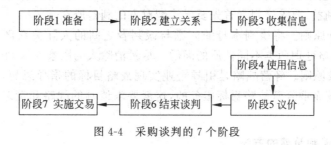

图 4-4　采购谈判的 7 个阶段

采购谈判不同阶段的目标和工作重点不同，分别如表 4-3 和表 4-4 所示。

表 4-3　采购谈判不同阶段的目标

阶段	谈判阶段	目　标
1	准备	确定重要问题和目标
2	建立关系	建立自身与对方之间的关系
3	收集信息	收集自身所需要的信息
4	使用信息	为谈判建立策略
5	议价	从最初的提议到达成协议的过程
6	结束谈判	谈判各方建立承诺
7	实施交易	协议达成后，谈判各方履行承诺

表 4-4　采购谈判不同阶段的工作重点

谈判阶段	合同签署前	合同谈判中	合同签署后
谈判重点	• 成立谈判小组 • 制订谈判方案 • 确定谈判目标 • 选择谈判策略 • 安排谈判议程 • 谈判小组分工 • 准备谈判资料 • 准备谈判合同 • 邀请谈判供应商	• 运用谈判策略,与供应商磋商,达成合同条款和条件 • 签订采购合同 • 与供应商协商供应安排	• 谈判资料存档 • 跟踪谈判各方承诺

4.2.4　采购谈判策略

采购谈判策略是谈判人员为取得预期的谈判目标而采取的措施和手段,对谈判成败有直接影响,关系到双方当事人的利益和企业的经济效益。恰当地运用谈判策略是商务谈判成功的重要前提。

1. 制定采购谈判策略的要求

(1) 客观标准原则。运用谈判策略的目的是使双方都感到自己有所收获,并愿意达成协议,而不是要将对手置于死地。这就要求谈判者坚持客观标准,并在参照以往谈判惯例的基础上做出决策。

(2) 共同利益原则。运用谈判策略的目的是使谈判者能从谈判中获得利益,即满足需求和欲望,而不是去维护谈判者的某些立场。一般来讲,谈判者坚持某一立场旨在实现预期利益。注重共同利益,要求谈判者首先要弄清楚对方的利益所在。

(3) 人事分开原则。将谈判本身的问题与谈判者之间的人际关系区别对待和分别处理,即用不同的策略处理两类不同性质的问题。尽量消除人的因素对谈判的影响。

(4) 战略一致原则。经营战略是引导企业实现战略目标的指导思想,而企业的商务谈判活动则是为实现企业经营战略目标服务的,这就要求谈判的战略和策略要与企业整体战略目标保持一致。

2. 制定采购谈判策略的方法

1) 按照谈判对手的态度制定策略

(1) 合作型谈判对手的策略。合作型谈判对手的主要特征:具有强烈的合作意识,注意谈判双方的共同利益,渴求达成双方满意的结果。对于这类谈判对手,通常采用满意感策略和时间期限策略。因势利导,在互惠互利的基础上尽快达成协议。

(2) 不合作型谈判对手的策略。不合作型谈判对手的主要特征:不厌其烦地阐述自己的观点和立场,而不注重谈论实质问题;不断抨击对方的建议,而不关心如何使双方的利益都得到维护;将谈判本身的问题与谈判对手个人联系在一起,将抨击的矛头指向谈判对手本人,进行人身攻击。对于这类谈判对手,只有采取迂回策略和调停策略,才能引导其从观点争论转向为双方共同获利而努力。

2) 按照谈判对手的实力制定策略

(1) 对实力强于己方的谈判对手的策略。面对实力较强的对手,一方面要加强自我保护,不在对方的压力下达成不利于己方的协议;另一方面要充分发挥自身的优势,以己之长克敌之短,争取最佳的谈判结果。通常采取底线策略和"狡兔三窟"策略。

(2) 对实力弱于己方的谈判对手的策略。面对实力较弱的对手,能够给己方较大的回旋余地和主动权;但是也可能使己方疏忽大意,犯不应有的错误,痛失机遇。通常采取先声夺人策略和出其不意策略,抓住时机,争取最佳结局。

任务实施

采购谈判的实施步骤如图 4-5 所示。

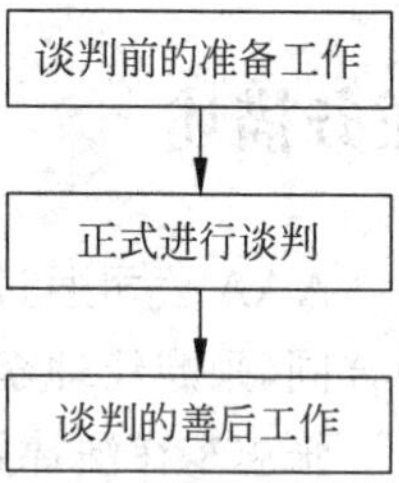

步骤 1:谈判前的准备工作。

①确定谈判的最优期望目标、可接受目标和最低限度目标;②进行 SWOT 分析;③通过各种渠道收集相关信息;④认识对方的需要;⑤识别实际情况和问题;⑥谈判各方为每个问题设定一个成交位置(合同接收点);⑦设计好谈判战略和策略;⑧进行谈判预演。

步骤 2:正式进行谈判。

正式谈判一般分为 3 个阶段。

第一阶段,谈判的开局阶段。开局阶段是谈判双方见面后到进入具体实质性谈判之前的那段时间和经过,主要包括建立谈判气氛、交换意见和陈述方案。

第二阶段,谈判的实质阶段。实质阶段是谈判双方根据对方在谈判中的所作所为来不断调整各自策略的过程,也是一个信息逐渐公开,筹码不断变化,障碍不断清除,努力成交的过程。

第三阶段,谈判成交(或破裂)阶段。整个洽谈的结束有两种可能:一种是达成协议而成交;另一种是洽谈破裂。当谈判成交时,双方应及时握手以结束谈判。当谈判可能破裂时,主谈要把握整个洽谈结束时间,并注意洽谈的气氛和可能的转机。

步骤 3:谈判的善后工作。

如果谈判成交,双方将所有谈判的结果形成文字,包括技术附件和合同文本,并约定好签约的时间和方式等具体操作性问题。

```
┌─────────────────┐
│ 谈判前的准备工作 │
└─────────────────┘
         │
         ▼
┌─────────────────┐
│  正式进行谈判   │
└─────────────────┘
         │
         ▼
┌─────────────────┐
│ 谈判的善后工作  │
└─────────────────┘
```

图 4-5　采购谈判的
实施步骤

任务训练:制订采购谈判方案和模拟采购谈判

训练目的:通过本次训练,使学生掌握谈判的基本流程,学会应用最基本的谈判策略。

训练方式:以小组为单位完成实训任务,小组进行分工合作,每个组员完成相应任务,并署名。

训练环境:给定的背景资料,采购谈判模拟训练室,将学生分为两方进行。

训练内容:JSJ 公司采购主管赵宇豪从众多供应商中选择了北京尼科传动技术有限公司作为零部件"传动大齿轮"的谈判供应商,他安排供应商关系专员许雅新制订相关采购谈判方案。

训练要求:(1) 以采购专员王佳荣的身份制订采购谈判方案。

(2) 以采购主管赵宇豪的身份模拟采购谈判,以采购专员王佳荣的身份进行谈判记录。

4.2 任务工作单　　　　4.2 任务检查单　　　　4.2 任务评价单

任务 3　签订采购合同

任务描述

AAA 公司通过与恒久橡胶公司进行采购自行车外胎的谈判,双方达成一致,拟签订采购合同,采购经理李翔飞指派采购专员张志东起草采购合同。

张志东在法律顾问的指导下,起草了采购合同,并提交采购经理李翔飞和法律顾问进行审核。审核批准后,由采购专员张志东编制正式采购合同。由采购经理李翔飞与恒久橡胶公司的法人代表签订采购合同。

要求:以采购专员张志东的身份起草一份采购合同。

任务分析

企业采购部门通过与恒久橡胶公司进行谈判,双方就谈判内容达成一致意见,因此需要将谈判结果固化下来,形成法律文件,即采购合同。恒久橡胶公司作为公司的新合作伙伴,其相关信息还未录入公司采购管理系统中,为了便于管理供应商,需为其建立专门的供应商档案。

知识准备

采购部在寻找到合格的供应商并通过谈判后,就要准备合同并签订采购合同。采购合同是一种买卖合同,站在供应方的角度,该合同称为供应合同;站在采购方的角度,该合同称为采购合同。

采购合同管理制度

采购谈判合同的基本结构

1. 采购合同的特征

(1) 采购合同是转移标的物所有权和经营权的合同。

(2) 采购合同的标的物是工业品生产资料。

(3) 采购合同的主体比较广泛。

（4）采购合同与流通过程密切联系。

2. 采购合同的基本结构

采购合同主要由首部、正文和尾部 3 部分组成。

（1）首部主要包括名称、编号、签约日期、签约地点、买卖双方的名称、合同序言等。

（2）正文是合同的主体部分，主要包括标的、数量和质量、价款和酬金、履行期限、地点和方式、违约责任。

（3）尾部包括合同的份数、使用的语言和效力、附件、合同的生效日期和双方的签字盖章。

3. 订立采购合同

采购合同的订立就是合同当事人进行协商，使各方的意思表示趋于一致的过程。这一过程在《中华人民共和国合同法》上称为要约和承诺。采购合同的承诺一经做出，并送达要约人，合同即告成立，业已成立的合同具有法律约束力，即采购合同生效。

任务实施

签订采购合同的实施步骤如图 4-6 所示。

步骤 1：起草采购合同。

完成采购谈判后，采购实施部门应尽快组织需求部门和供应商共同起草合同，合同草案应包括所有谈判过程中达成的共识。

步骤 2：提出签约申请。

当编制完成合同草案后，由采购实施部门向组织领导层提交签约申请，该申请包括签约申请主体（包括签约事由、签约对象、签约人等）、合同草案、批复的采购工作报告等。

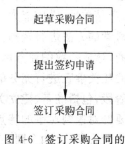

图 4-6　签订采购合同的实施步骤

步骤 3：签订采购合同。

当签约申请获得批准后，由组织法人或组织法人授权的签约人正式签署合同，每份合同需加盖组织的合同章。

任务训练：起草采购合同

训练目的：通过本次训练，使学生掌握采购合同的基本结构，学会运用正确的格式书写采购合同，并了解采购合同签订的主要步骤。

训练方式：以小组为单位完成实训任务，小组进行分工合作，每个组员完成相应任务，并署名。

训练环境：采购谈判模拟训练室，有关数据和联网计算机等。

训练内容：JSJ 公司与北京尼科传动技术有限公司经采购谈判双方达成一致，拟签订关于减速机滚动轴承的采购合同（编号：DJ/WX-191115-06）。JSJ 公司预计需采购 10 000 个减速机滚动轴承，需求采购前置期和保修期分别是 1 个月、2 年，付款方式是货到付款且含税，希望通过公路运输且用泡沫进行包装。由于是第一次合作且采购量相对较大，北京尼科传动技术有限公司决定以低于正常价格(90元)5％的价格作为成交价格。

采购专员王佳荣草拟了这份采购合同(合同名称：JSJ公司减速机滚动轴承采购合同)，并交由采购主管赵宇豪审核。

训练要求：请以采购专员王佳荣的身份在采购管理系统上起草一份采购合同，合同要求格式条款规范齐全。

4.3任务工作单　　　　　　　4.3任务检查单　　　　　　　4.3任务评价单

学习总结

　　进行采购谈判是采购流程中的重要环节。根据前期的供应市场分析和供应商调查，需要选择一家最合适的供应商进行采购谈判。企业在选择供应商时应考虑供应商的技术水平、产品质量、供应能力、价格、地理位置、信誉、服务等因素，建立选择供应商的标准体系，采取科学的方法进行选择。在选择好供应商后，即可进入采购谈判环节，采购谈判是供需双方洽商，达成一致的业务活动，采供双方应该秉承"双赢、自愿、合法、诚信"的原则，就采供过程中的相关事宜进行充分的协商。采购谈判分为合同签署前、合同谈判中、合同签署后3个大的阶段，包括准备、建立关系、信息收集、信息使用、议价、结束谈判、实施交易等环节。采购方要针对谈判对手的特点采取相应的谈判策略。双方通过反复协商，达成意见一致，即可订立采购合同，采购合同一经确定，即可生效，具有法律效力。

学习测试

一、单项选择题

1. (　　)是初选供应商必不可少的环节，经验丰富的认证人员通过此环节基本上可以弄清楚供应商群体实力。

　　A. 实地考察供应商

　　B. 研究供应商提供的资料，并向相关供应商群体调查问卷

　　C. 与供应商接触

　　D. 供应商与竞标

2. 常言说："一分钱，一分货。"这句话主要说明选择合适的供应商，必须考虑(　　)因素。

　　A. 价格　　　　　　B. 信誉　　　　　　C. 技术水平　　　　D. 产品质量

3. 下列关于供应商数量的选择策略的说法中，错误的是(　　)。

　　A. 多渠道少批量策略适合于原材料供应商紧张的企业

　　B. 集中于少数供应商的策略有利于享受价格上的优惠

C. 多渠道少批量策略在供应商有困难时,供应商也会优先保证该企业的货源

    D. 集中于少数供应商的策略可能会由于供应商发生意外而导致企业的供应危机

4. 企业在选择供应商的过程中,不重要的指标为(　　)。

    A. 产品价格　　　　　B. 服务　　　　　C. 产品质量　　　　　D. 股权结构

5. 在实践中,供应商选择在很大程度上是由(　　)决定的。

    A. 采购主管　　　　　B. 以往经验　　　　　C. 采购员　　　　　D. 技术规范

6. 供应商是否(　　)是企业评价供应商的最低标准。

    A. 具备基本的职业道德

    B. 具备良好的沟通与协调能力

    C. 具有在规定时间内提供符合采购企业要求的货品能力

    D. 具有良好的企业风险意识和风险管理能力

7. 市场平均价格比例与(　　)成正比。

    A. 市场最低价　　　　　　　　　　B. 市场最高价

    C. 供应商供货价格　　　　　　　　D. 市场平均价

8. 下面(　　)不属于采购谈判的基本原则。

    A. 合法原则　　　　　　　　　　　B. 诚信原则

    C. 利益最大化原则　　　　　　　　D. 自愿原则

9. (　　)的前提是"任何基于强迫和诡辩的谈判都不会成功"。

    A. "三角"原则　　　B. 合法原则　　　C. 灵活原则　　　D. 相对满意原则

10. (　　)是谈判中最常用的力量形式。

    A. 专业　　　　　B. 奖励　　　　　C. 灵活性　　　　　D. 信息

11. 下列选项中对采购谈判理解有误的是(　　)。

    A. 采购谈判是指企业为采购商品,作为买方和卖方厂商进行的反复磋商

    B. 采购谈判谋求达成协议,建立双方都满意的购销关系

    C. 采购谈判是团体的活动

    D. 采购谈判是个人的活动

12. 以下(　　)不是采购谈判的三大影响因素。

    A. 谈判参与者　　　B. 谈判信息　　　C. 谈判时间　　　D. 谈判形式

13. 在合同签订过程中,如果一方当事人对某些情况存在重大误解而订立了合同,那么这种合同属于(　　)的采购合同。

    A. 无效　　　　　　　　　　　　　B. 可撤销

    C. 有效　　　　　　　　　　　　　D. 效力待定

二、多项选择题

1. 采购合同的必备条款包括(　　)。

    A. 商品名称　　　　　　B. 质量条款　　　　　　C. 商品价格

    D. 违约责任　　　　　　E. 结算方式

2. 采购谈判要素有(　　)。

    A. 谈判的目的　　　　　　　　　　B. 谈判的动机

    C. 谈判的原因　　　　　　　　　　D. 谈判者的素养

3. 谈判流程可分为( )几个阶段。

　　A. 确认采购需求　　　　　B. 确定是否需要谈判　　　C. 计划谈判

　　D. 进行谈判　　　　　　　E. 履行协议

4. 采购谈判的准备主要包括( )。

　　A. 背景调查　　　　　　　B. 计划制订　　　　　　　C. 资料准备

　　D. 场景布置　　　　　　　E. 现场模拟

5. 采购价格谈判无非是采购人员与供应商之间讨价还价的过程,包括( )。

　　A. 询价技巧　　　　　　　B. 还价技巧　　　　　　　C. 杀价技巧

　　D. 让步技巧　　　　　　　E. 砍价技巧

6. 采购合同的必备条款包括( )。

　　A. 商品名称　　　　　　　B. 质量条款　　　　　　　C. 商品价格

　　D. 违约责任　　　　　　　E. 结算方式

7. 采购合同按有效性分类,分为( )。

　　A. 短期合同　　　　　　　B. 长期合同　　　　　　　C. 可撤销的采购合同

　　D. 有效的采购合同　　　　E. 分期付款合同

三、判断题

1. 采购谈判中,尽量让对方做主导,以便随机应变。　　　　　　　　　　( )

2. 与熟悉的供应商之间的大型商业采购可以不签订采购合同,口头承诺即可。( )

3. 对供应商进行评价的基础是确定评价的内容和方法。　　　　　　　　( )

4. 谈判僵局是采购谈判中呈现的一种不进不退的僵持局面。　　　　　　( )

5. 所有的采购需求都需要买卖双方进行详尽的谈判。　　　　　　　　　( )

四、案例分析题

应急采购下的供应商选择

A 公司是一家以生产一次性的纸杯、纸碗为主的纸制品加工企业,主要客户为国内一些大型食品企业。A 公司的主营业务是纸制品的加工,2015 年销售额达到 5 亿元,其中纸制品的销售额 3 亿元。A 公司已在成都建厂生产纸杯、纸碗。

由于纸制品加工属于简单加工,所以原材料的采购成本占所有成本的 70% 左右。其中 A 公司最主要的原材料是淋膜纸和灰底白板纸,其中淋膜纸年采购量 1 万吨以上,涉及采购金额近 1 亿元,灰底白板纸年采购量 1 万吨以上,涉及采购金额近 5 000 万元,淋膜纸和灰底白板纸采购由公司资材部采购经理专项负责。

2019 年年底,由于出现雪灾,铁路和公路运输均出现问题,铁路运输因为火车车皮紧张,公路运输因为雪灾引起部分道路停运,已经停运数天。淋膜纸是 A 公司最主要的原材料,主要的供应商是浙江、四川等地的大型纸业公司。浙江的纸业公司因订不到火车车皮,临时采用汽车运输,但是汽车无法进入四川;而四川的纸业公司,同样也受到雪灾的影响,无法供货。这时 A 公司成都工厂的淋膜纸库存已经降到安全库存以下,面临着停机待料的局面,情况十分紧急。

案例问题:

(1) 什么是应急采购? 它与一般采购有什么不同?

(2) A 公司在应急采购的情况下,如何选择供应商?

学 习 案 例

联合电子零部件直接采购谈判

联合汽车电子有限公司（以下简称联合电子）成立于 1995 年，是中联汽车电子有限公司和德国博世有限公司在中国的合资企业，是国内最早成立的汽车发动机控制系统研发生产企业，具有得天独厚的技术与市场优势。2000 年以后，市场形势发生了重大变化，中国汽车行业的迅速增长吸引了几乎所有的发动机系统供应商进入中国，包括全球知名的德尔、伟世通，欧洲的大陆集团、西门子威迪欧（2007 年被大陆集团收购）、马瑞利公司，以及日本的电装公司，市场竞争日益激烈。价格优势成为竞争的重要因素之一，零部件采购成本占总成本的 60% 以上，成为产品总成本构成中最重要的部分。作为博世有限公司在中国的合资企业，联合电子生产的大部分产品都是博世有限公司在引进中国以前就已经在欧美生产的产品，有现存的技术、设备能力和供应链。公司成立之初，绝大部分零部件都从欧洲进口，通过博世有限公司采购后卖给联合电子，并从中收取一定的管理费和利润，因此，导致零部件采购成本较高。

2006 年开始联合电子开始避开博世有限公司，采取直接采购策略。真正大批量的直接采购开始于 2007 年。直接采购项目实质上是采购渠道的变化，而整个实施过程面临着比较复杂的问题。下面就其中的一个环节，即供应商关系处理和谈判做出分析。这里主要涉及两个问题：一个是了解和互信的问题；另一个是细节和谈判的问题。

联合电子的供应商主要是以德国为主的欧洲供应商，其文化和美国、中国有很大的差异，和这些公司合作，互相信任及给对方信心至关重要。德国的商业氛围比较平等，很难通过博世母公司对其施压而达成这些协议，对于这个问题，采用以下措施取得了一定的效果。

（1）通过博世有限公司对供应商进行一些必要的介绍。

（2）向来访供应商介绍公司情况，如中国汽车行业的发展前景，公司发展前景，以及公司在企业文化、人才培养、市场开拓、产品开发等各方面的努力和成绩，使其确信联合电子是值得合作的客户。

（3）在新项目和新产品上发现潜在合作机会。

（4）尊重对方的文化，重视信誉和承诺。

（5）通过直接采购及合作，使其对中国市场更加了解。

对于采购谈判，谈判的重点主要体现在以下 3 个方面。

（1）价格。无论如何必须得到博世有限公司和供应商的合同价格，从而确保联合电子享有同样的基准价格。博世作为庞大的集团公司，在与供应商的议价中有很大的优势，是联合电子不能比拟的，因此，价格方面建议采用博世有限公司的价格而避免重复谈判。

（2）付款方式。博世有限公司在这方面有良好的声誉，大多数付款周期都比较短，一般在一个月以内。而联合电子作为国内的公司，由于国家外汇管制及内部严格的审批程序，整个付款周期比较长。因此，如何让供应商同意付款方式成为谈判的主要问题。

（3）合同。公司的标准合同几乎被所有的供应商拒绝，其敏感的部分主要是索赔等方面，而汽车行业在这方面存在很大的风险。为了缩短谈判周期、减少风险，最后采用的方式是借用博世有限公司和供应商的标准合同。

除此以外,在采购谈判方面还有很多细节,如物流条款、包装、交货频率等,也需要重视。

学习评价

核心能力评价

	核心能力	是否提高
通过本项目学习,你的	与人沟通能力	
	团队合作能力	
	解决问题能力	
	自主学习能力	
	随机应变能力	
	判断选择能力	

自评人(签字)　　　　　　　　　　　　　教师(签字)

　　　　　　　　　年　月　日　　　　　　　　　　　　　　年　月　日

专业能力评价

	能/否	准确程度	专业能力目标
通过本项目学习,你			选择供应商
			制订谈判方案
			草拟采购合同(或协议)

自评人(签字)　　　　　　　　　　　　　教师(签字)

　　　　　　　　　年　月　日　　　　　　　　　　　　　　年　月　日

专业知识评价

	能/否	精准程度	知识能力目标
通过本项目学习,你			熟悉供应商选择标准
			掌握供应商选择方法
			掌握采购谈判方案的主要内容
			了解采购谈判的基本流程
			掌握采购合同或协议的内容与格式

自评人(签字)　　　　　　　　　　　　　教师(签字)

　　　　　　　　　年　月　日　　　　　　　　　　　　　　年　月　日

履行采购合同

➡ 学习目标

【知识目标】

1. 掌握采购订单的格式。

2. 掌握采购订单跟踪内容。

3. 掌握下达采购订单流程。

4. 掌握采购验收内容和方法。

5. 掌握采购验收单的格式。

6. 掌握采购结算方式。

7. 掌握采购结算单的格式。

【能力目标】

1. 能够编制采购订单。

2. 能够填写货物验收报告。

3. 能够编制采购结算单据。

4. 能够在采购管理系统中完成下单、收货、付款操作。

【素质目标】

1. 具备法律意识。

2. 具有协调沟通能力。

3. 具有团队协作精神。

4. 具有极强执行能力。

学习导图

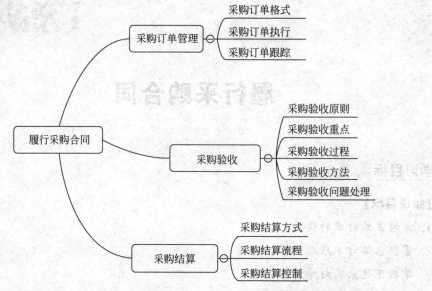

采购合同签订后,需要全面实现合同的内容,即履行采购合同。履行采购合同主要包括订单管理、进货验收、货款支付和违约处理等环节。

履行采购合同要坚持实际履行原则、适当履行原则、协作履行原则、经济合理原则。

采购订单是采购业务的起点,它通过采购申请获取来自生产和销售等系统的信息,将供应链整体的信息有机地联系起来。采购订单表示与供应商进行采购业务正式的和最终的确认。

履行采购合同

任务 1　采购订单管理

任务描述

AAA 公司与恒久橡胶公司签订了采购自行车外胎的合同,采购专员张志东按照采购计划,定期向恒久橡胶公司下达采购订单。

2019 年 12 月 27 日,AAA 公司的采购专员张志东安排小张查询 1 月需要采购自行车外胎的数量,小张查询了采购系统,发现因自行车外胎库存充足,1 月不需要采购,2 月需要采购 900 条自行车外胎(物料编号:5741200027;规格:COUNTRY DRY 2;单价:8.55 元),小张找出了自行车外胎的订单采购计划(采购计划编号分别为 CGJH20191218006、CGJH20191218007、CGJH20191218008)。该部件采购提前期为 2 周,于是当天张志东向恒久橡胶公司下达了编号 CGDD20200103012 的采购订单。要求恒久橡胶公司按照每批300 条,分 3 次交货,交货地址为北京市通州区张家湾镇土桥西。

要求:请以采购专员张志东的身份编制采购订单。

任务分析

采购合同签订后,进入履行合同阶段。采购订单是采购业务的起点,它表示与供应商进行采购业务正式的和最终的确认。采购订单工作包括编制订单、审核订单、与供应商签订订单、下达订单、执行订单、跟踪订单。这些工作一般是在采购管理系统中完成。

知识准备

一般来说,企业在确定了采购量和供应商以后,就向供应商发出采购订单,以作为日后双方订阅合同的一个依据。采购订单一般是通过企业采购管理系统向供应商下达。采购订单是采购流程的重要环节,这一环节的优劣将会直接影响采购作业流程是否顺利。因此,采购订单管理是采购管理中的重要内容。

采购订单管理是一项关键业务功能,它引导和监控整个流程,从最初下达采购订单开始到成功交付产品结束。采购订单管理主要记录、跟踪和控制订单执行情况,包括针对采购合同的执行,控制购货价格、折扣及数量,随时跟踪订单完成情况,控制订单的执行;根据实际补货情况追加执行订单,通过比较订单执行差异,以及通过业务和分析报表反映订单执行情况等。

1.采购订单格式

企业不同,采购订单的内容和形式也有所变化。但是无论如何变化,采购订单都会包括交易条件、交货日期、运输方式、单价、付款方式等内容。

因用途不同,采购订单可分为厂商联(第一联),作为供应商交付的凭证;回执联(第二联),由供应商签字确认后寄回企业;物料联(第三联),作为企业控制存量和验收的参考;请款联(第四联),作为结算货款的依据;承办联(第五联),由制发采购订单的单位留存。

采购订单

正式的采购订单按照企业的相关规定编号后,由采购人员以双方议定的方式传递给供应商,并按一定的步骤实施采购工作。

2. 采购订单执行

在选定供应商之后,接下来要做的工作就是同供应商签订正式的采购订单。签订采购订单一般需要经过以下过程。

(1)制作订单。拥有企业资源计划(ERP)信息管理系统的企业,在供应商认证或签订采购框架协议时,就将价格、供货能力、供货周期、最小供货批量或最小包装数等信息维护到系统中,订单人员直接在信息系统中生成订单,供应商通过系统接收客户需求信息,作为供货的依据。

(2)审查订单。审查订单的主要内容包括:①采购订单的物料描述;②所选供应商是否均为合格的供应商;③采购份额是否与供应商业绩考核结果及公司有关份额分配的规定相符;④价格在允许范围之内,到货期是否符合订单计划的到货要求;⑤订单人员是否按照订单计划在采购信息系统中正确操作。

（3）与供应商签订订单。签订订单的方式有 4 种：①与供应商面对面签订订单，买卖双方现场盖章签字。②订单人员使用传真将打印好的订单传至供应商，供应商以同样方式传回。③使用 E-mail 进行合同的签订，买方向供应商发订单 E-mail；卖方回复，则表示接收订单并完成签字。④卖方在买方专用订单信息管理系统（如 ERP）接收订货信息，经确认，则表明完成了订单的传递。

（4）订单的执行。在完成订单签订之后，即转入订单的执行期。加工型供应商要进行备料、加工、组装、调试等过程；存货型供应商只从库房中调集相关产品，经适当处理后即可供货。

3. 采购订单跟踪

为了确保供应商供货安全、及时、准确和保质保量，订单人员在下达采购订单后，应及时跟踪订单的执行情况，及时了解供应商的生产、仓储、运输是否正常。一旦发现供应商没有兑现合同承诺或发生突发事件，订单人员应迅速向有关领导反映情况，以便采取补救措施。

采购订单进展
状态一览表

采购订单跟踪主要跟踪以下内容。

（1）跟踪供应商工艺文件的准备。工艺文件是进行加工生产的第一步，对任何外协件（需要供应商加工的物料）的采购，订单人员都应对供应商的工艺文件进行跟踪，如果发现供应商没有相关工艺文件，或者工艺文件有质量、货期问题，应及时提醒供应商修改。

（2）确认原材料的准备。备齐原材料是供应商执行工艺流程的第一步，为了保证充足的原材料，订单人员应该进行实地考察。

（3）跟踪加工过程的进展状态。不同物料的加工过程不同，为了保证货期、质量，订单人员需要对加工进行监控。

（4）跟踪组装调试检测过程的进展状态。组装调试检测是产品生产的重要环节，该环节的完成表明订单人员对货期有一个结论性答案。订单人员需要有较好的专业背景和行业工作经验，否则，很难达到对订单过程的跟踪效果。

（5）确认包装入库。该环节是整个跟踪环节的结束点，订单人员可以向供应商了解物料最终完成的包装入库信息。

任务实施

编制和下达采购订单的实施步骤如图 5-1 所示。

图 5-1　编制和下达采购订单的实施步骤

步骤 1：编制采购订单。

汇总各部门的采购需求，制订采购计划，据此编制采购订单，见表 5-1。

表 5-1　采购订单

采购申请部门：生产部　　　　申请日期：2019/12/27　　　　单据号码：CGDD20200103012
供应厂商名称：恒久橡胶公司　　交货地点：北京市通州区张家湾镇土桥西　　请购单号：250097086

项次	物料编号	品名	规格	数量	单位	单价/元	总价/元	交货日期	技术协议及要求
1	5741200027	自行车外胎	COUNTRY DRY 2	900	条	8.55	7 695.00	2020/02/01 2020/02/08 2020/02/22	

采购部	经办	张志东	总经理批准	合计/元	税前金额	6 809.76
	科长				税额	885.24
	经理	李翔飞			税后金额	7 695.00

步骤 2：发出采购信息。

通过约定的方式（传真、邮件、订单系统等）向供应商发出采购信息。

步骤 3：接收回复函。

步骤 4：追踪供应商送货。

任务训练：编制和下达采购订单

训练目的：通过本次训练，使学生掌握采购订单的基本内容，能够按照采购需求编制采购订单。

训练方式：以小组为单位完成实训任务，小组成员共同完成相应任务。

训练环境：综合实训室（学生每人有一台可上网的计算机，桌椅可拼接），安装采购管理系统软件

训练内容：2019 年 12 月 22 日，JSJ 公司的采购专员王佳荣安排小李查询 1 月需要采购滚动轴承的数量，小李查询了采购系统，发现因滚动轴承库存充足，1 月不需要采购，2 月需要采购 1200 个减速机的滚动轴承（物料编号：2141200027；品名：滚动轴承；规格：ZL-6303）。小李也找到了滚动轴承的订单采购计划（采购计划编号分别为 CGJH20191220012 和 CGJH20191220013）。该批减速机轴承的采购前置期为 1 个月，当天小李向北京尼科传动技术有限公司下达了编号为 CGDD20200103001 的采购订单，要求供应商按照每批 600 个，分 2 批供货，交货地址为北京市大兴区荣华中路 5 号。

训练要求：请以小李的身份编制采购订单，并在采购管理系统中完成操作。

5.1 任务工作单

5.1 任务检查单

5.1 任务评价单

任务 2　采 购 验 收

任务描述

　　AAA 公司向恒久橡胶公司下达了自行车外胎的采购订单(单号：CGDD20200103012)后,恒久橡胶公司(联系人：许川；联系电话：13923498564)按照采购订单进行了备货,并按照供货日期分 3 批将自行车外胎运送到 AAA 公司指定的送货地点(北京市通州区张家湾镇土桥西)。3 批自行车外胎分别于 2020 年 2 月 1 日、2 月 8 日和 2 月 22 日到货,采购部采购专员张志东联合采购检验员杨洋对送抵 3 批自行车外胎(物料编号：5741200027；厂牌：TWITTER；规格：COUNTRY DRY 2；单价：8.55 元；数量：900 条；保修期：2 年；发票号码：81110113582456834A；付款方式：银行转账；运输方式：陆运；包装：纸箱)进行了验收。采购检验员杨洋对货物进行查验后初步判断均为合格品,并填制了 3 张进货检验单(单号：JHJY20200201001、JHJY20200208008、JHJY20200222022)；采购专员张志东作为联系人(联系电话：18002975123)向司机签发了 3 张收货确认单(单号：SHQR20200201001、SHQR20200208008、SHQR20200222022)。

　　要求：请以仓管员杨洋的身份模拟验货并编制采购验收单；请以采购专员张志东的身份编制确认到货单。

任务分析

　　进货验收关系到采购业务的最终完成,关系到企业最终产品的质量,是采购管理中非常重要的一环。供应商送来货物,采购部的采购检验专员需要对照采购订单对订单货物进行逐一验收。把握采购物料验收重点,运用正确的验收方法进行验货,是确保采购质量的前提。

知识准备

　　采购验收是从货运设备上把商品卸下、开箱,检查其数量、质量,将有关信息书面化等一系列工作。它关系到采购业务的最终完成,是采购管理的重要一环。一个完整的采购验收过程应该包括收货、接货、卸货、验货。

　　收货是采购工作结果的直接体现。如果收货环节出了问题,不仅会对后续生产产生负面影响,也可能会给企业带来重大的经济损失。

1. 采购验收原则

　　(1) 诚实原则。收货的数据必须真实可靠,不能有任何弄虚作假的成分,收货人员必须诚实可信,不得接受供应商的任何馈赠。

　　(2) 准确原则。收货的数据必须是准确的,应与实际的送货数据相符。

　　(3) 优先原则。生鲜品收货执行紧急优先原则。

　　(4) 区域原则。未收货、正收货、已收货区域区分原则。流程中的商品必须在正确的区域内。

（5）安全原则。收货部的整个区域执行严格的安全原则,包括叉车的运作、周转仓的商品存放、收货商品的码放与运输等。

（6）当日原则。当天的收货、退货必须当天完成确认工作,不能推迟录入和确认的时间。

2. 采购验收重点

（1）数量验收。数量验收通常与检查接收工作一起进行。一般是直接检验,但是当现货和送货单尚未同时到达时,就会实行粗略检验。检验时要将数量做两次确认,以确保数量无误。

（2）品质验收。品质验收是要确认接收的物品与订购的物品是否一致。对于物品的检验,可用红外线鉴定法或是依照验收经验和对货品知识的掌握程度采用各种检验方法。一般情况下,对于高级物品,要做全面检查;对数量大但单价低的物品,则采取抽样性检查。

（3）合同条款验收。合同条款验收是对采购物品的品质、数量、交期、价格、货款结算等条款是否相符进行检查。

3. 采购验收过程

（1）供应商送来货物,采购部（仓管员）需要对照订购单上的订购货物名称、规格和其他要求进行签收。

（2）企业仓库验收人员根据采购员填写的收货通知单或供应商随货同行联清点货品并登记收货记录,然后在同行联上签字,再进行验收,并在系统中填写验收结果,生成收货处理方案。

（3）采购员填写收货通知单、供应商随货同行联,清点货物并登记收货记录。

采购验收过程
一览表

4. 采购验收方法

（1）直接核对法。直接核对法是根据送货单逐项核对进货数量,这是最普遍使用的方法。直接核对法的优点:除在送货单上逐项做记号外,不必新做任何文件,验收员的工作快速而方便;如果送货单与验收员的记录不符,验收员可很快地重新核对;送货单上都写有商品的品名,验收员不必再花时间猜想。直接核对法的最大缺点是容易失之大意,因为核对是一项单调乏味的工作,验收员已从送货单上知道数量后,容易麻痹大意,核对粗略,易出差错。

（2）障蔽核对法。验收员先不看送货单,而是边验货边制单,验收完成后,再与送货单核对,检查有无错漏短缺。这种方法工作量较大,所需时间较长,如果出现差异,重新核对会拖延很长时间。

（3）半障蔽核对法。该方法是综合直接核对法和障蔽核对法两者的优点而设计的。验收员使用一张订货单副本,单据上除数量之外,包括所有内容。验收员边核对边填上数量,再与送货单上的数量核对无误后签单。这种方法可以免去烦琐的制单工作,但由于单上没写明数量,故要求验收员必须很仔细地核对。

实战训练: 某仓储企业 2020 年 8 月 25 日收到美乐高有限公司的入库通知单,包括 800 台 42 寸长虹彩色电视机、300 台 190L 双门无霜风冷海尔电冰箱、500 箱乐之饼干等货物,这批货物需要入库存放。请问:以上货物应该如何验收?

5. 采购验收问题处理

在验收工作中,往往会出现实物与采购单上所列的内容不符,保管人员应立即通知采购人员和主管。

1) 数量不符问题处理

(1) 如果收货数量大于收货通知单数量,采取两种方法处理:一是由采购人员补进货合同并重新生成收货通知单;二是拒收多余货物。

(2) 如果收货数量小于收货通知单数量,可以由供应商补齐货物。

2) 不合格品问题处理

(1) 如果有致命缺陷或严重缺陷的货物,应要求供应商换货。

(2) 如果是轻微缺陷的货物,经过检验人员、设计部门、制造部门、销售部门等协商后,视生产、销售的紧急程度,可以确定是否暂时使用。

任务实施

在供应商送货的方式下,采购进货验收包括收货(暂存)作业、卸货作业、验货作业、收货确认。具体实施步骤如图 5-2 所示。

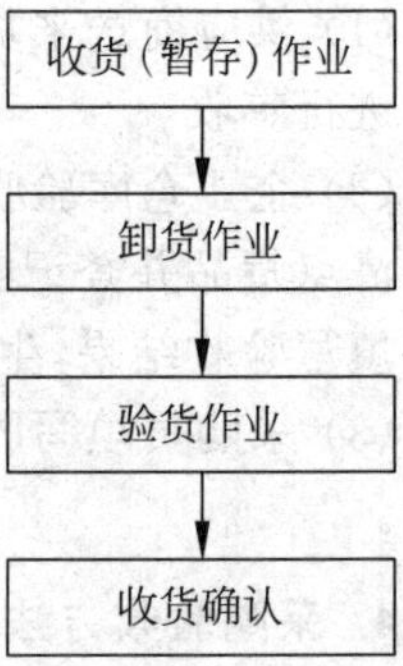

步骤 1:收货(暂存)作业。

为了高效率地完成每次卸货作业,管理人员应事先做好准备:掌握大概的到货日、商品品种、货量及送货车车型;尽可能准确预测送货车到达日程;配合停泊信息协调进出货车的交通问题;为方便卸货及搬运,计划货车的停车位置;预先计划临时存放位置。

步骤 2:卸货作业。

要尽量配合储存作业的处理方式,以免增加不必要的环节。货车送货时有托盘、箱子和小包 3 种形式。

步骤 3:验货作业。

商品从送货车上卸下后,未拆卸前,应在送货司机面前验收箱数是否正确,以及外包装是否无损。核验商品必须及时、迅速、准确,做到随时进货随时验收。核验商品数量的方法很多,大多数采用直接核对法或障蔽核对法,或者两者合并式的半障蔽核对法。偶尔也用抽查核对法。进货检验单如表 5-2~表 5-4 所示。

收货(暂存)作业
↓
卸货作业
↓
验货作业
↓
收货确认

图 5-2　采购进货验收流程

表 5-2　进货检验单(1)

单号:JHJY20200201001

订单编号	CGDD20200103012				供应商		恒久橡胶公司				
验收日期	2020/02/01				入库单位		条				
需求日期	2020/02/02				交货日期		2020/02/01				
件号	品名规格	厂牌	单位	收货数量	单价/元	金额/元	拒收数量	拒收数量现状	本订单未交量	再交	不交
1	自行车外胎	TWITTER	个	300	8.55	2 565.00	0				
合计/元		2 565.00						打卡	(1) (2)		
人民币:贰仟伍佰陆拾伍元整						发票号码	81110113582456834A				
使用单位	AAA公司		用途		生产						
备注:											

表 5-3　进货检验单（2）

单号：JHJY20200208008

订单编号	CGDD20200103012			供应商		恒久橡胶公司			
验收日期	2020/02/08			入库单位		条			
需求日期	2019/02/09			交货日期		2020/02/08			

件号	品名规格	厂牌	单位	收货数量	单价/元	金额/元	拒收数量	拒收数量现状	本订单未交量	再交	不交
1	自行车外胎	TWITTER	个	300	8.55	2 565.00	0				
合计/元				2 565.00				打卡	（1）（2）		
人民币：贰仟伍佰陆拾伍元整							发票号码	81110113582456834A			
使用单位		AAA 公司		用途			生产				
备注：											

表 5-4　进货检验单（3）

单号：JHJY20200222022

订单编号	CGDD20200103012			供应商		恒久橡胶公司			
验收日期	2020/02/22			入库单位		条			
需求日期	2020/02/23			交货日期		2020/02/22			

件号	品名规格	厂牌	单位	收货数量	单价/元	金额/元	拒收数量	拒收数量现状	本订单未交量	再交	不交
1	自行车外胎	TWITTER	个	300	8.55	2 565.00	0				
合计/元				2 565.00				打卡	（1）（2）		
人民币：贰仟伍佰陆拾伍元整							发票号码	81110113582456834A			
使用单位		AAA 公司		用途			生产				
备注：											

步骤 4：收货确认。

商品检验合格后可以安排入库，由采购人员向供应商签发收货确认单，如表 5-5～表 5-7 所示。

表 5-5　收货确认单（1）

单号：SHQR20200201001　　　　　　签发日期：2020/02/01

收货人信息				
收货公司	AAA 公司	收货地址	北京市通州区张家湾镇土桥西	
联系人	张志东	联系电话	18002975123	
传　真		电子邮件		

货品信息						
序号	货物名称	规格/型号	数量	级别	单位	单价	总价
1	自行车外胎	COUNTRY DRY 2	300	2 级	个	8.55	2 565.00
2							
3							

续表

序号	货物名称	规格/型号	数量	级别	单位	单价	总价
4							
5							

金额合计(大写)：	贰仟伍佰陆拾伍元整		¥		2 565.00		元
交 货 期	2020/02/01		是否含税			是	
保 修 期	2 年		付款方式			银行转账	
包 装	纸箱		运输方式			陆运	
备 注			(其他优惠情况说明,比如报价有效期等)				
供应商信息							
供应商名称	恒久橡胶公司		联系地址				
联 系 人	许川		联系电话			13923498564	
传 真			电子邮件				

表 5-6　收货确认单(2)

单号：SHQR20200208008　　　　　　签发日期：2020/02/08

收货人信息			
收货公司	AAA 公司	收货地址	北京市通州区张家湾镇土桥西
联 系 人	张志东	联系电话	18002975123
传 真		电子邮件	

货品信息

序号	货物名称	规格/型号	数量	级别	单位	单价	总价
1	自行车外胎	COUNTRY DRY 2	300	2 级	个	8.55	2 565.00
2							
3							
4							
5							

金额合计(大写)：	贰仟伍佰陆拾伍元整		¥		2 565.00		元
交 货 期	2020/02/08		是否含税			是	
保 修 期	2 年		付款方式			银行转账	
包 装	纸箱		运输方式			陆运	
备 注			(其他优惠情况说明,比如报价有效期等)				
供应商信息							
供应商名称	恒久橡胶公司		联系地址				
联 系 人	许川		联系电话			13923498564	
传 真			电子邮件				

表 5-7　收货确认单（3）

单号：SHQR20200222022　　　　　　签发日期：2020/02/22

收货人信息			
收货公司	AAA公司	收货地址	北京市通州区张家湾镇土桥西
联 系 人	张志东	联系电话	18002975123
传　真		电子邮件	

货品信息						
序号	货物名称	规格/型号	数量	级别	单位	单价	总价
1	自行车外胎	COUNTRY DRY 2	300	2级	个	8.55	2 565.00
2							
3							
4							
5							

金额合计（大写）：	贰仟伍佰陆拾伍元整	￥	2 565.00	元
交 货 期	2020/02/22	是否含税		是
保 修 期	2年	付款方式		银行转账
包　装	纸箱	运输方式		陆运
备　注		（其他优惠情况说明，比如报价有效期等）		

供应商信息			
供应商名称	恒久橡胶公司	联系地址	
联 系 人	许川	联系电话	13923498564
传　真		电子邮件	

任务训练：采购验收

训练目的：通过本次训练，使学生能够正确填写收货确认单。

训练方式：以小组为单位完成实训任务，小组成员共同完成相应任务。

训练环境：综合实训室（学生每人有一台可上网的计算机，桌椅可拼接），安装采购管理系统软件。

训练内容：北京尼科传动技术有限公司（联系人：王晴；联系电话：18723490782）收到JSJ公司的采购订单（编号：CGDD20200103001）后立即开始备货，并按照订单要求，于2020年2月1日和2月15日将减速机滚动轴承送到JSJ公司。2020年2月1日王晴通知JSJ公司采购专员王佳荣准备收货。王佳荣接到通知后，安排小李通知采购检验专员李飞旭在库房集合，准备对这批货物进行验货。

当日下午，该批减速机滚动轴承如约被运送到JSJ公司位于北京市大兴区荣华中路5号的仓库。李飞旭抽查了送抵的滚动轴承（物料编号：2141200027；厂牌：尼科；规格：ZL-6303；单价：85.50元；数量：600个；保修期：2年；发票号码：81110113582883260A；付款方式：银行转账；运输方式：陆运；包装方式：纸箱），未发现问题，并填制了进货检验单（单号：JHJY20200201001）；采购专员王佳荣作为收货人（联系电话：18322975685）向运输公司签发了收货确认单（单号：SHQR20200201001）。同样，第二批600个减速机滚动轴承于 2020 年 2 月 15 日送抵仓库,李飞旭按照收货流程进行了验收,并填制了进货检验单(单号:JHJY20200215015),采购专员王佳荣作为收货人向运输公司签发了收货确认单(单号:SHQR20200215015)。

　　训练要求:请以仓管员李飞旭的身份模拟验货并编制采购验收单;请以采购专员王佳荣的身份编制收货确认单。

5.2任务工作单　　　　　　5.2任务检查单　　　　　　5.2任务评价单

任务 3　采 购 结 算

任务描述

　　2020 年 2 月 1 日、2 月 8 日和 2 月 22 日,恒久橡胶公司(地址:河北省廊坊市三河市黄土庄镇北环路 56 号,联系电话:0316-59628383)如期向 AAA 公司交付了 3 批自行车外胎,AAA 公司采购检验员杨洋对 3 批自行车进行检验后判定所有自行车外胎符合要求。AAA 公司需按采购合同(编号:AA/CG-200301-01)约定向恒久橡胶公司支付 900 条自行车外胎的货款(物料编号:5741200027;规格型号:COUNTRY DRY 2;单价:8.55 元)。2020 年 2 月 24 日,采购经理李翔飞安排采购结算专员王青编制采购结算单(单号:CGJS20200204015)。

　　要求:请以采购结算专员王青的身份编制采购结算单。

任务分析

　　采购结算是双方履行合同规定的邀约和承诺的重要内容,也是采购的收尾工作。当采购物品完成验收入库后,一般企业就进入货款支付(采购结算)阶段。采购结算工作是采购部门配合财务部门完成的,付款前采购部门需要向财务部门提出付款申请,付款后采购部门需要填写采购结算单。要完成这两项任务,需要熟悉采购的结算方式、结算流程、结算控制,采购结算问题及处理方法等,了解采购付款单和采购结算单的规范格式。

知识准备

　　采购结算是采购合同履行的重要环节。采购结算的主要工作是采购人员根据采购入库单、采购发票核算采购入库成本,支付货款。采购结算的结果是采购结算单。采购结算从操作处理上分为自动结算和手动结算两种。

采购结算管理制度　　　　采购付款内部控制制度　　　　　采购结算

1. 采购结算方式

目前,我国已经逐步建立了以"三票一卡"(银行汇票、银行本票、支票和信用卡)为主体的结算体系,大大规范了采购结算方式。

(1) 银行汇票。银行汇票签发银行作为付款人,付款保证性强;代理付款人先付款,后清算资金;特别适用于交易额不确定的款项结算与异地采购之用。票据自带,避免携带大量现金,十分便捷。银行汇票票样如图 5-3 所示。

图 5-3　银行汇票票样

(2) 银行本票。银行本票即见票即付,如同现金,出票银行作为付款人,付款保证性很强。既有定额本票,又有不定额本票,可以灵活使用。缺点是由银行签发,与支票相比手续相对繁杂。在同城范围内使用。银行本票票样如图 5-4 所示。

图 5-4　银行本票票样

(3) 支票。支票由出票单位签发,出票单位开户银行为支票的付款人,手续简便;既有现金支票,又有转账支票,还有普通支票,要求收妥抵用,在同城范围内使用,已被企业单位广泛接受。但在支票结算中可能存在签发空头支票,支票上的实际签章与预留银行印鉴不符等问题,存在一定风险。支票票样如图 5-5 所示。

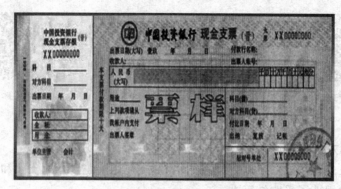

图 5-5 支票票样

(4) 信用卡。信用卡属于电子支付工具,方便、灵活、快捷,同城、异地均可使用;既有公司卡,又有个人卡,一手交钱,一手交货,钱货两清;有存款可以消费,无存款在授权额度内也可以消费;它是发放个人消费贷款最便捷的方式之一,极大地减少了现金使用量,降低了货币流通费用。但该结算方式受特约商户与 ATM 机普及程度、银行卡网络的完善程度、银行卡功能开发程度等的限制。几种信用卡式样如图 5-6 所示。

2. 采购结算流程

采购结算流程包括采购资金结算、采购发票核销及采购返款管理,如图 5-7 所示。

图 5-6 几种信用卡式样

图 5-7 采购结算流程

3. 采购结算控制

采购结算控制见表 5-8。

表 5-8 采购结算控制

控制节点	控 制 说 明
要素控制	采购部根据企业生产的实际需要发出采购订单,明确说明采购货品的型号、种类、技术指标、价格、数量等
交接控制	供应商进行备货,并按订单要求按期交货,企业相关部门根据采购订单要求验货、入库,认真填写验收单等相关单据
单据控制	采购人员将货品验收单与采购订单进行核对,若两者相符,则进行单据汇总,将各项数据进行整理

续表

控制节点	控制说明
问题控制	若存在验收单不齐全或与采购订单不符,则采购人员应及时与相关部门人员沟通协调和催收,相关部门人员应给予配合
争议控制	若相关部门对采购人员提出的问题存在争议,则采购人员应及时与供应商确认订单状态,了解产生问题的原因,然后进行单据汇总
数据控制	采购部采购人员根据汇总的各项数据,填写应付账款单,列明应付款项明细

任务实施

完成进货验收工作后,采购部门启动付款流程,直接付款流程如图 5-8 所示。

步骤 1:提出付款申请。

采购员按合同支付条款约定提供付款申请及依据(验收报告或收货单、发票),报部门负责人审批,见表 5-9。

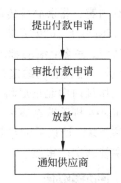

图 5-8　采购结算中直接付款流程

表 5-9　采购结算单

申请编号:CGJS20200204015　　　　　　　　申请日期:2020 年 2 月 24 日
收款供应商名称:恒久橡胶公司　　　　　　　　合同编号:AA/CG-200301-01
地址:河北省廊坊市三河市黄土庄镇北环路 56 号　　联系电话:0316-59628383　　单位:元

序号	物料编号	名称	型号描述	单位	不含税单价	入库数量	税率	税额	不含税总价	价税合计
1	5741200027	自行车外胎	COUNTRY DRY 2	条	7.566 4	900	13%	885.24	6 809.76	7 695.00
		合　　计						885.24	6 809.76	7 695.00

总金额(大写)		柒仟陆佰玖拾伍元	
特别说明	后附单据		
	其他说明		
结算申请人	王青	采购部经理审核	李翔飞
总经理审批		财务部经理审核	

步骤 2:审批付款申请。

财务人员根据合同相关条款审核付款申请及依据,并提出付款意见,将付款意见交财务部门负责人和主管副总、总经理审批。

步骤 3:放款。

付款申请经各级领导审批通过后,财务部放款,如果是网上银行付款,则先录入系统,再进行审核;如果是汇票付款,则填写银行单据;如果是支票付款,则填写支票;然后由出纳在系统中先录入付款明细,再汇总出银行存款余额表,每日工作结束前填写当日付款登记明细表。

步骤 4:通知供应商。

财务人员收到银行次日转来的付款回单后复印一份交采购部门,采购部门通知供应商付款完成。

任务训练：填写采购结算单据

训练目的：通过本次训练,使学生能够正确填写采购结算单。

训练方式：以小组为单位完成实训任务,小组成员共同完成相应任务。

训练环境：综合实训室(学生每人有一台可上网的计算机,桌椅可拼接),安装采购管理系统软件(或电子商务网站购物系统)。

训练内容：北京尼科传动技术有限公司(地址：北京市房山区大件路18号；联系电话：010-63455611)于2020年2月1日和2月15日分两批送达的减速机轴承(物料编号：2141200027；品名：滚动轴承；厂牌：尼科；规格：ZL-6303；数量：1200个)验收合格入库。JSJ公司需按合同约定(编号：DJ/CG-201215-06；单价：85.50元；增值税税率：13%)在5个工作日内向北京尼科传动技术有限公司支付相应的货款。2020年2月20日,采购主管赵宇豪安排采购结算专员黄志忠编制采购结算单(单号：CGJS20200220007)。

训练要求：请以采购结算专员黄志忠的身份在采购管理系统中编制采购结算单,并提交采购主管赵宇豪审核。

5.3 任务工作单　　　　　5.3 任务检查单　　　　　5.3 任务评价单

学 习 总 结

采购合同的履行是双方当事人按照合同的约定或法律的规定,全面、正确地履行自己所承担的义务,从执行订单开始,经历了订单跟踪、货物验收、问题处理、采购结算、出具票据等环节,完成采购业务操作,实现采购价值。履行采购合同包括订单管理、采购验收和采购结算3个方面的内容。采购合同的履行应遵循实际履行、适当履行、协作履行、经济合理的原则。采购订单管理是履行采购合同的关键性业务,它引导和监控整个采购流程,从下单开始到成功交付产品结束,并将连接供应商与客户,贯穿整个供应链。为了保证采购物料的质量,必须进行货物验收,通过对验收环节和结果的记录、比对,有效地控制采购验收的各个环节。在完成采购验收工作后,进入采购结算阶段,目前我国采购结算方式主要包括银行汇票、银行本票、支票和信用卡,企业合理选择采购结算方式对加速资金周转、抑制拖欠货款、加强财务管理,提高经济效益具有重要意义。

学 习 测 试

一、单项选择题

1. 供应部门应根据(　　　　)编制材料订购单。

　　A. 经济合同　　　　　B. 请购单　　　　　C. 购货发票　　　　　D. 材料卡片

2. 下列(　　)属于材料。

　　A. 产成品　　　　　　B. 商品　　　　　　C. 周转材料　　　D. 半成品

3. 进货方式选择、接收并检验收到的货物、结清发票并支付货款,这属于采购作业流程(　　)环节的内容。

　　A. 采购计划　　　　　B. 采购认证　　　　C. 采购订单　　　D. 进货管理

4. 下列选项关于进货的描述,错误的是(　　)。

　　A. 将采购货成交的物资由供应商仓库运输转移到采购者仓库中的过程

　　B. 能确定改进机会或是发现供应商绩效的不佳方面

　　C. 进货过程关系到采购成果价值的最终实现

　　D. 关系到企业的经营成本和采购物资的质量好坏

5. (　　)对采购商来说,是一种最简单、轻松的采购进货管理方式。

　　A. 专用线接运　　　B. 自提进货　　　　C. 委托运输　　　D. 供应商送货

6. (　　)是产品生产的重要环节,这一环节的完成表明订单人员对货期有一个结论性答案。

　　A. 组装总测　　　　B. 工艺文件　　　　C. 原材料的准备　D. 包装入库

7. (　　)是采购部门的一项重要的事后把关工作。

　　A. 供应商选择　　　B. 验收检查　　　　C. 质量控制　　　D. 盘点

二、多项选择题

1. 采购作业流程一般包括(　　)等环节,每个环节有其对应的具体的采购活动。

　　A. 采购计划　　　　　　　B. 采购认证　　　　　　　C. 采购订单

　　D. 进货管理　　　　　　　E. 管理评价

2. 材料请购申请一般是由(　　)提出。

　　A. 基建部门　　　　B. 仓库　　　　　　C. 用料部门　　　D. 采购部门

3. 某汽车 4S 店采购了一批汽车售后配件,其接运的方式包括(　　)。

　　A. 专用线接运　　　　　　　　B. 在车站、码头等交通枢纽接运

　　C. 在供应商仓库提货　　　　　D. 在本企业仓库收货

4. 核对收货单据只是核查(　　)。

　　A. 单据填写是否完整　　　　　B. 送货单、检验单是否盖章

　　C. 收货单位、收货数量是否相符　D. 数量是否正确

5. 采购结算的方式有(　　)。

　　A. 银行汇票　　　　B. 银行本票　　　　C. 支票　　　　　D. 信用卡

三、判断题

1. 采购订单伴随着订单和物料的流动贯穿了整个物流过程。(　　)

2. 供应商送货最好选择门到门的直达运输,避免中转。(　　)

3. 一些物料如机械、设备、大型电子装置,往往需要去供应商处现场检验。(　　)

4. 运输方式的选择要满足运输时间的要求,在运输途中要注意时间控制。(　　)

5. 采购结算的主要工作就是支付货款。(　　)

6. 交易额不确定的款项结算应选择银行本票结算方式。(　　)

7. 目前我国的采购结算体系是"三票一卡"。(　　)

四、案例分析题

采购验收和结算中控制要点

HT鲜肉处理公司购买牲畜经过处理后,出售给超市。该公司的牲畜采购验收和付款控制要点如下。

(1) 每位牲畜采购员向公司总经理提出采购日报,报告内容有购买日期、供应商姓名及编号、所购牲畜的种类和数量。货送到时,由HT鲜肉处理公司中任何职员将每类牲畜点收,并在采购日报中的数量旁加注记号。日报中所列牲畜全数收齐后,即将报告退交采购员。

(2) 核对无误后的供应商发票,交给相关的采购员核准并送至会计部门。会计部门编制支出传票并按核准的金额开立支票。支票送交出纳签章后,直接交给采购员转付供应商。

(3) 牲畜按批处理,每批均编订号码。每日终了将各批处理清单送至会计部门。清单内列示每批牲畜的号码、名称、鲜肉重量。会计部门设有存货盘存记录,记载处理后的鲜肉名称和重量。

(4) 处理后的鲜肉储存于员工停车场附近的小型冷冻库里。HT鲜肉处理公司停工时冷库上锁。上下班时间另有公司警卫看守。超市提货人员提货时,若冷库无人,与公司人员接洽。

(5) 厂房和冷库另有大量肉类副产品。副产品出货时才入账,此时销货经理出两联式发票单,一联作为顾客提货凭证,另一联为开立账单的依据。

案例问题:

根据上述各环节中的管理要点,请指出HT鲜肉处理公司在采购验收、付款、储存环节中存在哪些问题。

学习案例

台州恩泽医疗中心(集团)的"云采购"模式

台州恩泽医疗中心(集团)是一家集医疗、急救、科研、教学、预防于一体的区域综合性公立医疗集团,前身是成立于1901年的恩泽医局,现有浙江省台州医院、路桥医院、恩泽医院3家综合性医院,1家专科恩泽妇产医院。

"一是为了提高效率;二是提高准确性;三是保证质量;四是保证产品合格的安全性,基于这四大方面的考虑,我们决定建立一个新的医疗物资管理平台,上线'医疗物资云采购平台'之后,对供应商的管理,对采购的物资、库存、采购员与供应商之间的沟通,以及数据的准确性,起到了很大的作用。"台州恩泽医疗中心(集团)相关负责人介绍。

1. 医疗物资管理亟待向院外延伸

随着医疗机构规模的不断扩大和运营管理的精细化,大量的医疗物资特别是医用耗材的采购管理逐渐成为医院运营管理的重点。作为业务的重要支持与保障,HRP物资管理系统陆续在大部分医院内实施和建立。但是仅聚焦于医疗机构内部的药品和器械处理,还不能满足医院的全部需求,医疗行业亟待实现物资管理从院内向院外延展的支撑。

台州恩泽医疗中心(集团)仅是医用耗材这一项的供应商就有300余家,其中常用物资的品种就有 10 000 多种,如此庞大的数据管理在 2015 年以前主要是依赖院内人员手工管理,很容易出现差错,管理比较混乱,效率也不高,查询的准确度也不够,平时的核对以及各方面同质化的程度也比较差,亟待借助信息化手段改变现有耗材的采购管理模式。

2. 台州恩泽医疗中心(集团)搭建"云采购"模式

医疗物资云采购平台是依托先进的互联网开放技术,建立起到涵盖供应商管理、资质管理、订单配货协同、招标管理等环节的医疗机构外部供应链体系,不仅拓展了传统医疗物资院内管理的方式,更优化了采购流程,降低了采购成本,进一步保障了供应商的供货质量,提高了供货效率。

2015 年 2 月,台州恩泽医疗中心(集团)启动了全院的 HRP 物资管理系统与物资云采购平台的建设。其中,物资云采购平台的建设分为两期:一期主要针对台州恩泽医疗中心(集团)的普通卫生材料和高值耗材的物资供应,涵盖了供应商管理、供应商资质管理、物资管理、物资资质管理、供应关系管理、供货关系管理、价格管理、订单管理、配送单、退货管理等功能,有效地降低了以往物资信息和资质信息管理的工作量,提高了订单交付的效率;二期的主要内容是面向其他 3 个分院进行推广实施。

项目实施过程中,医院与供应商相互配合,系统上线运行后,给医院物资管理带来了很大的提升,取得了良好的应用效果。

(1)供应商的资质和物资的资质管理,原来手工整理、归档、查验,费时费力,极易出现个别资质文件不符合要求、过期等状况。改由供应商线上维护提交后,工作量会分解到每个供应商手里,通过系统提供的预警功能,供应商可以确保证件准确性和及时更新,降低了医院资质管理环节出现质量问题的监管风险。

(2)在采购环节上,以前采购员主要通过电话沟通方式报货,报货的内容包括产品名称、规格、数量,采购过程中很容易出现各种问题,当采购品规多时容易出现报错货或报漏货现象。现在采购员仅需在系统内提交采购单就可以,必要时通知一下供应商今天有报货,例如,某天,采购员向一家公司采购 20 个品规的产品,以前电话报货—供应商记录—确认过程至少要 10min,而现在仅需一个自动短信通知报货就可以了,采购员工作量明显减少,报货准确率大大提高,错误采购物资现象基本未发生,缺货率明显降低。

(3)可以对订单进行跟踪。采购员可随时通过系统查询订单状态,及时了解物资是否能够正常到货,提前防范断货、缺货事件,医院物资的缺货率进一步降低。

(4)所有经过验收的产品,保管员仅需扫描一下配送单条形码,就能产生完整的入库单据,保管员入库工作量得到极大地减少。例如,原入库 20 个批次产品,保管员在入库时需输入项目有产品名称、规格、数量、价格、批号、有效期、证件、是否合格等。在品规多时常有输入信息错误现象,且需 10min 以上,而现在仅需 5s 不到就能完成该项工作,并且准确率高。虽然前期产品审核的过程比较复杂一些,但是只要一次通过认证后,后续采购过程就变得十分简洁、高效。

目前,台州恩泽医疗中心(集团)的物资云采购平台已经在整个集团范围内应用,平台的医疗物资交易总额已经突破 5 亿元,平台管理的医疗物资已经突破 1.5 万种。已经逐步推广覆盖了各个分院的物资采购管理部门。物资云采购平台的上线切实帮助医院降低了整体采购成本,节省了患者的医疗开销,优化并规范了医院采购流程,避免暗箱操作,规避产品质量事故,实现了医院和供应商双赢。

学 习 评 价

核心能力评价

	核心能力	是否提高
通过本项目学习,你的	与人沟通能力	
	团队合作能力	
	解决问题能力	
	自主学习能力	
	工作执行能力	

自评人(签字)　　　　　　　　　年　月　日	教师(签字)　　　　　　　　　年　月　日

专业能力评价

	能/否	准确程度	专业能力目标
通过本项目学习,你			编制采购订单
			填写货物验收单和收货确认单
			填写付款申请和采购结算单
			在系统中完成下单、收货、付款操作

自评人(签字)　　　　　　　　　年　月　日	教师(签字)　　　　　　　　　年　月　日

专业知识评价

	能/否	精准程度	知识能力目标
通过本项目学习,你			掌握采购订单格式
			掌握采购订单跟踪的内容和方法
			熟悉采购验收的内容和方法
			掌握验收单和收货确认单的格式
			掌握采购结算的方法
			掌握采购结算单的格式

自评人(签字)　　　　　　　　　年　月　日	教师(签字)　　　　　　　　　年　月　日

控制采购过程

学习目标

【知识目标】

1. 理解质量和质量规范。

2. 了解质量检验的方法和流程。

3. 掌握对供应商质量的控制点。

4. 理解造成交货延迟的各种原因。

5. 掌握常用的采购进度控制方法。

6. 掌握采购成本的构成。

7. 掌握采购成本分析方法。

【能力目标】

1. 能够处理采购质量问题,填写退货单。

2. 能够分析采购延期问题,提出解决方案。

3. 能够运用一种方法分析采购成本。

【素质目标】

1. 具有客观公正的处世原则。

2. 具有实事求是的工作作风。

3. 具备法律意识。

4. 具有协调沟通能力。

5. 具有团队协作精神。

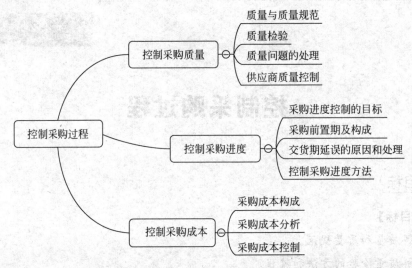

采购控制是采购管理的核心部分。在分析确认采购需求,制订采购计划和实施具体采购以后,需要确保对整个采购过程进行有效控制。这包括控制采购质量,保证采购产品或服务符合质量规范要求;控制采购进度,保证按照要求及时准确到货;控制采购成本,保证企业目标利润的实现。

任务1　控制采购质量

任务描述

　　AAA 公司定期向恒久橡胶公司采购自行车外胎。2020 年 2 月生产部门按照需求领用,在使用过程中发现订单编号为 CGDD20200103012 的自行车外胎(物料编号:5741200027;规格型号:COUNTRY DRY 2;单价:8.55 元)出现"轮胎重量不足、纹理及色泽不符"等质量问题,于是生产部门将不合格的自行车外胎退回库房。月末,采购检验专员杨洋统计共退回 25 条,将相关情况汇报给采购质量主管杨景天,并向采购专员张志东反馈了情况,张志东联系恒久橡胶公司,恒久橡胶公司立即表示可以退货。杨洋当日编制了一张退货单(单号:TH20200228001)。

　　杨景天安排杨洋记录供应商的供货质量问题,并督促供应商提出改进计划,进行质量跟踪。

　　要求:以采购检验专员杨洋的身份在采购管理系统中编制退货单。

任务分析

　　采购质量直接影响最终成品的质量,为了保证采购物料质量,需要进行明确的质量规范,按照质量标准,检验采购物料,发现不合格品及时进行处理。物料质量在采购价值的形成中,60%的价值来源于供应商,因此控制供应商质量是关键。

知识准备

随着社会经济的发展和人民生活水平的改善,质量日益成为组织竞争力的一部分。不能满足质量要求的产品会导致返修、重做、报废、退货等额外的费用支出,进而影响组织的声誉,降低客户的满意度。

据统计,企业的产品中 55%～60% 的价值是经过采购由供应商提供的,而产品质量缺陷的 25%～30% 是由于采购了不合格的物料造成的。因此,采购质量的控制直接影响最终成品的质量。

采购质量控制是为保持采购产品的质量所采取的作业技术和有关活动,其目的在于为使用部门提供符合规格要求的满意产品。采购质量控制的重点是对供应商的控制。

6.1.1　质量与质量规范

1. 质量

质量是客户要求被满足的程度。当供应商和客户对产品的要求达成一致,并且要求被满足,就认为产品或服务满足了质量要求。有形产品的质量特性包括性能、可靠性、耐用性、安全性、经济性 5 个方面。无形产品(服务)的质量特性还包括时间性和舒适性。采购质量是质量的一个组成部分。

 知识链接　　　　　　　　**6σ 质量标准**

6σ 是时任摩托罗拉通信部门经理 George Fischer 1987 年提出的一种革新性的质量管理方法。6σ 追求的是最完美的质量水准:百万机会缺陷数是 3.4,即 3.4DPMO。根据可靠性理论,由可靠性是 99.99% 的 1 000 个零件组成的笔记本电脑的可靠性至多可以达到 90%,更何况任何一台笔记本电脑也不会由 1 000 个零件组成。所以,追求 6σ 就是追求最完美的质量水准。世界级公司的经验证明 6σ 是一种回报丰厚的投资,依照 6σ 配置资源,企业将获得以下成就:质量水准每提高 1σ,产量提高 12%～18%、资产增加 10%～36%,利润提高 20% 左右。

2. 质量规范

对于质量的描述通常使用"规范"。"规范"的定义包括两个部分:① 明确产品必须具备的外观和功能。②规定可量化衡量的部分。根据采购产品和服务有所不同,对所采购产品或服务的技术要求的描述,形成质量规范。

质量规范的主要表现形式有以下几种。

(1)性能规范和设计规范。性能规范定义了产品和服务必须满足的性能指标,它们经常被用来定义固定资产类的设备或服务所必须实现的性能指标。设计规范为产品和服务提供了一个完整与详细的描述。它们通常定义制造出产品的工艺流程,以及需要使用的原材料。

(2)内部规范和外部规范。内部规范是指组织内部所使用的规范。通常由研发设计部门或质量部门的技术专家制定。外部规范是指由组织以外的相关方所制定,一般是行业标准或国家标准。

(3)品牌或商品名称。

(4)样品。样品是指在大批量生产前根据产品设计而先行由生产者制作加工而成,并将生产出的样品标准作为买卖交易中的产品标准。样品能够代表少量实物。

(5) 工作说明书(statement of work,SOW)。工作说明书是项目采购中对所要提供的产品或服务的叙述性描述。

6.1.2 质量检验

采购物资的质量是企业产品和服务质量控制的第一环节,它直接影响企业的质量水平,因此企业应该严格执行对采购物资的质量检验。

采购货物质量检验制度

感官检验法

1. 质量检验的作用

(1) 保证作用。通过质量检验,做到不合格的原材料不投产,不合格的半成品不加工,不合格的零部件不组装,不合格的产品不出厂,切实保证产品质量。

(2) 预防作用。原材料和外购件的入厂检验、前道工序的把关检验,对后续生产过程和下道工序生产都起到了预防的作用。

(3) 报告作用。质量部门将检验结果用报告的形式反馈给管理部门,以便做出正确的评价和决策。

(4) 改进作用。通过质量检验结果,可以了解影响生产的各种因素和影响效果,提出更切实可行的建议和措施,推进质量持续改进。

2. 质量检验的方法

一般情况下,传统的质量检验方法可以分为全数检验和抽样检验两种。

根据检验原理、条件、设备的不同,质量检验方法主要有抽样检验法、感官检验法、理化检验法、生物学检验法。

3. 质量检验的流程

(1) 根据产品技术标准明确检验项目和各个项目质量要求。

(2) 规定适当的方法和手段,借助一般量具或使用特定设备检测产品。

(3) 把测试得到的数据同标准和规定的质量要求相比较。

(4) 根据比较的结果,判断单个产品或批量产品是否合格。

(5) 记录得到的数据,把判定结果转给有关部门,以便促使其改进质量。

检验报告单

来料检验日报表

6.1.3　质量问题的处理

在采购物资的质量检验过程中,发现不符合要求的不合格产品,应该及时处理,为企业的产品质量把关。不合格产品的处理方式如图 6-1 所示。

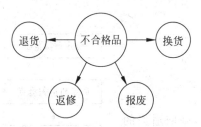
图 6-1　不合格产品的处理方式

不合格品报告单

采购货物质量认证制度

实战训练:某供应商于 2019 年 9 月 18 日送来一车旺旺食品,送货单上标明:旺旺雪饼数量 50 箱,规格为 1×20 袋(500g),单价 22 元/袋,金额 440 元/箱,生产日期是 2019 年 8 月 3 日;旺旺烧米饼数量 80 箱,规格为 1×20 袋(500g),单价 32 元/袋,金额 640 元/箱,生产日期是 2019 年 8 月 10 日。这两种食品的保质期为 9 个月。请问:这批食品应该如何验收?

6.1.4　供应商质量控制

为了使供应商提供的产品能够持续地满足企业生产经营的要求,企业需要根据实际情况和采购物资的特点,对供应商的产品质量进行严格控制。

采购部门向供应商采购物资时,重点对供应商提供的样品、小批量物资、中大批量物资的质量进行控制,如图 6-2 所示。

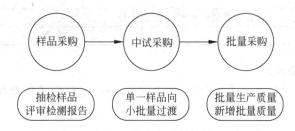
图 6-2　供应商质量控制

(1) 样品采购阶段的质量控制。样品采购是向候选供应商进行样品采购。

样品采购阶段的质量控制是采购企业按照规定程序对候选供应商提供的样品进行检验和评估。

(2) 中试采购阶段的质量控制。中试采购是指向供应商进行小批量采购。

中试采购阶段的质量控制是采购企业对供应商提供的小批量件进行检验、中试评估。这个阶段的质量控制焦点是由单一样件向小批量过渡。样品符合质量标准并不代表小批件的质量也符合标准。因此,要对供应商提供的小批量物资进行质量控制。

(3) 批量采购阶段的质量控制。批量采购是向供应商进行大中批的采购。

批量采购阶段的质量控制主要是控制新开发产品批量生产物资供应质量的稳定性和新增批量物资供应质量的稳定性。

任务实施

采购质量控制的步骤如图 6-3 所示。

步骤 1：确定质量范围。

与供应商共同确认质量规范，形成补充意见。

步骤 2：确定质量关键点。

根据工艺流程特点与供应商共同确定关键控制点，采取适当的质量工具来实施采购质量控制。

步骤 3：进行质量检验。

供应商按照合同规定发货，采购方人员对货物进行质量检验，处理解决不合格品。处理方式有退货、补发货、赔偿等，如为退货，则需要由采购员填制退货单(表 6-1)。

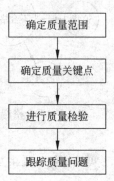

图 6-3 采购质量控制的步骤

表 6-1 退货单

退货单位：恒久橡胶公司				退货单号：TH20200228001			
采购订单编号：CGDD20200103012				退货日期：2020 年 2 月 28 日			
物料编号	品名	规格	单位	数量	单价/元	金额/元	备注
5741200027	自行车外胎	COUNTRY DRY 2	条	25	8.55	213.75	
合计：贰佰壹拾叁元柒角伍分							
记账人		经办人	张志东		库管		杨洋

步骤 4：跟踪质量问题。

记录货物在使用过程中的质量问题，与供应商及时沟通，要求供应商提交质量改进计划并进行跟踪。

任务训练：填写退货单据

训练目的：通过本次训练，使学生掌握采购进货检验单据的填写方法，出现不合格产品，能够分析采购质量问题，提出解决方案。

训练方式：以小组为单位完成实训任务，小组进行分工合作，每个组员完成相应任务，并署名。

训练环境：综合实训室(学生每人有一台可上网的计算机，桌椅可拼接)，安装采购管理系统软件。

训练内容：JSJ 公司向北京尼科传动技术有限公司采购的 1 200 个减速机滚动轴承

（物料编号：2141200027；厂牌：尼科；规格：ZL-6303；单价：85.50 元；订单编号：CGDD20200103001），生产部门在使用过程中发现了质量问题，将有质量问题的滚动轴承退回库房。据统计 2 月采购的滚动齿轮共退回 60 个。2 月 27 日采购检验专员曾小伟对所有退回的滚动齿轮进行了质量检验，确认存在质量问题，将此情况反馈给了采购专员王佳荣。王佳荣知晓情况后立即联系了厂家，厂家表示立即安排补发货。当日，曾小伟编制了一份退货单（单号：THD20200227001），将不合格货品退给了北京尼科传动技术有限公司。

训练要求：请以采购检验专员曾小伟的身份在采购管理系统中编制退货单。

6.1 任务工作单

6.1 任务检查单

6.1 任务评价单

任务 2　控制采购进度

任务描述

恒久橡胶公司向 AAA 公司供货一直非常准时，2020 年 3 月有两批次的普通轮胎出现延期交货的情况。AAA 公司采购进度控制主管李云安排采购订单专员胡天分析交货延迟的原因，并提出解决方案。

要求：以采购订单专员胡天的身份分析延迟原因，提出解决方案。

任务分析

供应商供货延误，会导致采购方的断货，影响企业的生产，使采购企业的供应链中断，给企业造成损失。发生供应商供货中断应如何处理？如何防止供应商供货中断，这是采购人员应具备的技能。

知识准备

在确保供应商稳定的质量绩效和具有竞争力的价格水平的前提下，需要控制采购进度，加强采购交期管理。

采购交期管理是采购人员发出采购订单或签订采购合同后，对于如何确保采购物资在交货期限内交付所采取的一切措施。其内容包括两个方面：一是合理确定交货期；二是及时掌握备货进度。其目的是保证所需物资的及时供应。

1. 采购进度控制的目标

采购进度控制的基本目标是敏捷性（agility）、适应性（adaptability）、系统性（architecture）、协作性（alignment），简称 4A 战略。具体如图 6-4 所示。

图 6-4　4A 战略

从与客户的关系和需求的预测性两个维度来考虑,采购进度控制的基本目标是精益、充分的灵活性、快捷应变、持续补货,如图 6-5 所示。

图 6-5　采购进度控制的基本目标

2. 采购前置期及构成

采购前置期是指自向供应商发出采购订单直到货物交到指定地点所花费的时间,其构成如图 6-6 所示。

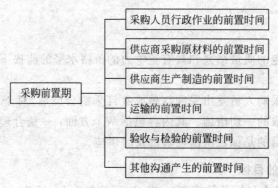

图 6-6　采购前置期的构成

（1）采购人员行政作业的前置时间。行政作业所包含的时间是存在于采购与供应商之间，共同为完成采购行为所必须进行的文书及准备工作所花的时间。

交期控制的原则

（2）供应商采购原材料的前置时间。供应商为了完成客户订单，向自己的供应商采购必要的原材料所需要花费的时间。

（3）供应商生产制造的前置时间。供应商内部生产线制造出订单上所订货物的生产时间。

（4）运输的前置时间。将货物从供应商的生产地送到客户指定交货点所花费的时间。

（5）验收与检验的前置时间。卸货与检查，拆箱检验，完成验收文件，货物入库等作业需要的时间。

（6）其他沟通产生的前置时间。一些特殊因素造成的延误以及预留的缓冲时间。

实战训练： 采购组织需要从外部供应商采购某种电子产品。产品需要在公司内部审核批准，采购需求申请人需要 1～3 个工作日，产品使用部门经理需要 1 周，财务部门需要 3 个工作日。供应商需要按照采购订单准备原材料安排生产，对于标准产品，供应商一般会按照预测需求备料（1 个工作日），客户化产品则见采购订单后和下级供应商购买（2 周）。生产制造时间需要 3 个工作日，客户化产品需要 4 个工作日。

从供应商到采购组织运输时间，空运需要 2 天，公路运输需要 5 天，采购合同的标准条款为公路运输，急单走空运。验收与检验时间一般为 2 个工作日。为了应付特殊情况，供应商一般预留 3 天缓冲时间以应对特殊情况。

请问：该产品的采购周期是多长时间？

3. 交货期延误的原因和处理

交货期延误的原因有很多，有供应商、采购方的原因，还有其他原因。为了防止交货延误，有必要对交货期延误进行原因分析，以便采取有效的补救措施。

1）分析原因

交货期延误主要是由采供双方造成的，具体原因如表 6-2 所示。

表 6-2　交货期延误的主要原因

供应商的原因	采购方的原因	其他部门的原因
① 接单量超过供应商的产能 ② 供应商技术、工艺能力不足 ③ 供应商对时间估计失误 ④ 供应商品质管理不当 ⑤ 供应商经营者的客户服务理念不佳 ⑥ 供应商对物流外包业务监管不严 ⑦ 不可抗力原因	① 供应商选择错误 ② 下单量超过供应商的产能 ③ 业务手续烦琐或审批不及时 ④ 付款条件过于严苛或未及时付款 ⑤ 紧急订购 ⑥ 订货错误 ⑦ 跟催不积极	① 请购前置期不足 ② 产品描述不完整 ③ 问题物料处理不及时 ④ 生产计划变更或 BOM 变更 ⑤ 来料点收、检验不及时
采供双方沟通不畅的原因		
① 未能掌握一方或双方的产能变化 ② 指示、联络不确实 ③ 技术资料交接不充分 ④ 品质标准和检测手段掌握标准不一 ⑤ 单方面确定交货，缺少沟通 ⑥ 未建立质量问题、交货延误付款等问题紧急处理机制 ⑦ 意外不可抗拒的原因		

2) 处理方法

(1) 及时了解相关准确信息,尽快找出存在问题的订单,评估对公司的影响。

(2) 与企业内部用户进行沟通可能的影响,做好计划调整,包括调整不同供应商份额,让第二家供应商加大生产量,寻找市场上可能的替代品。

(3) 同供应商确认更新的承诺期,确保在规定时间内完成。

(4) 与供应商一起分析问题,找出延误的根本原因,提出改进措施。

4. 控制采购进度方法

(1) 订单跟催法。订单跟催法是指按照订单预期的进货日期提前进行跟催,具体方法有联单法和统计法。联单法是将订单按照日期顺序排列好,提前一定时间进行跟催;统计法是将订单统计成报表,提前一定时间进行跟催。

跟单与催货管理制度

采购进度控制表

(2) 物料跟催表法。运用物料跟催表法掌握供料状况,确保及时供货。

到期未交的货物料表

物料订购跟催表

任务实施

供应商交货延误的处理过程如图 6-7 所示。

步骤 1：发现交货延误。

采购订单专员发现交货延误,及时上报延误情况。

步骤 2：分析延误原因。

从供应商、采购方、双方沟通不畅以及不可抗力等方面分析交货延误的原因。

步骤 3：进行责任认定。

根据原因分析结果,进行责任认定。

步骤 4：提出解决方案。

通过前期分析,与供应商协商,提出延期交货解决方案。

图 6-7　供应商交货延误的
处理过程

任务训练：制订交货延误的解决方案

训练目的：通过本次训练，使学生了解采购进度控制的基本程序，掌握采购质量控制的要点和方法，在发生延误时，能够采取相应方法和工具进行企业采购工作。

训练方式：以小组为单位完成实训任务，小组进行分工合作，每个组员完成相应任务，并署名。

训练环境：综合实训室（学生每人有一台可上网的计算机，桌椅可拼接）。

训练内容：JSJ 公司因生产需要采购下列产品：传动大齿轮、齿轮轴、滚动轴承、箱体，各供应商基本能够保证按时供货。最近，采购专员王佳荣发现北京尼科传动技术有限公司供应的滚动轴承在 3 月的订单出现交货延误的现象。王佳荣安排小李联系厂家调查原因。

训练要求：请以小李的身份分析交货延误的原因，并提出解决方案。

6.2 任务工作单　　　　　　6.2 任务检查单　　　　　　6.3 任务评价单

任务 3　控制采购成本

任务描述

AAA 公司准备购置一种新型的自行车轮胎，已知学习曲线为 80％。AAA 公司准备购买 200 条，收到供应商的报价是 228 元。供应商计算的每单位成本如下。

物料	90 元
人工	50 元（单位产品平均 10 元/h，共 5h）
制造费用	50 元（假设是人工成本的 100％）
总成本	190 元
利润	38 元（以总成本的 20％计）
单位价格	228 元

AAA 公司采购部小张通过调查了解到，行业工资标准为 8 元/h，单位产品所耗用的物料为 200g，该物料市场批发价格为 400 元/kg。

要求：以采购成本专员张思慧的身份思考下列问题。

(1) 如果 AAA 公司追加 200 条订单，按照给定学习曲线的期望收益，每单位产品的价格是多少？

(2) 如果期间费用率为 10％，成本利润率为 20％，销售税率为 10％，用成本加成法计算，该产品的出厂价格是多少？

任务分析

采购成本是企业产品成本的重要组成部分,通常制造企业采购成本占产品成本的40%~60%,采购成本的高低直接影响产品的成本和企业的效益。因此,需要分析供应商成本构成,并能够推算出产品出厂价格,为价格谈判提供依据。为完成本任务,需要学习采购成本分析和控制的方法。

知识准备

采购活动是企业全部经营活动的起点,采购的效率、订单的执行等都会直接影响企业的下一个经营过程。而在企业的产品成本中,采购成本所占的比重最大,因此,控制采购成本是企业不断降低产品成本、增加利润的重要手段之一。

6.3.1　采购成本构成

1. 一般采购成本的构成

一般采购成本是因采购活动引起的成本,包括维持成本、订购成本和缺货成本。

(1) 维持成本。维持成本是指为保持采购物资而发生的成本。

① 固定成本。固定成本是指与采购数量无关的成本。

② 变动成本。变动成本是指与采购数量有关的成本(如资金成本、搬运成本、折旧成本等)。

(2) 订购成本。订购成本是指为实现一次采购而付出的活动费用。

① 请购手续成本。请购手续成本包括请购人工费用、请购事务用品费用、主管及有关部门的审核费用等。

② 采购执行成本。采购执行成本包括估价、询价、比价、议价费用,通信联络费用,事务用品费用等。

③ 进货验收成本。进货验收成本包括检验人工费用、交通费用、检验仪器仪表费用等。

④ 进库成本。进库成本是指采购物资搬运所花费的成本。

(3) 缺货成本。缺货成本是指因物资供应中断而造成的成本损失。

① 安全库存成本。安全库存成本是指企业保持一定数量的安全库存所产生的存货成本。

② 延期交货成本。延期交货成本是指发生特殊订单时的处理和送货费用。

③ 失销成本。失销成本是指销售利润的损失、销售人力损失。

④ 失去客户成本。失去客户成本是指失去客户造成的未来一系列收入损失、信誉损失。

采购成本的构成

2. 所有权总成本的构成

所有权总成本(total cost ownership,TCO)是指基于全生命周期所发生的成本,包括所有权获得成本、所有权使用成本、所有权后成本,具体的构成如图6-8所示。

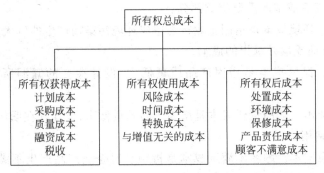

图6-8 所有权总成本的构成

(1)所有权获得成本。所有权获得成本是指与产品和服务购买相关联的成本。

① 计划成本。计划成本包括不断变化的要求及特殊性成本、价格调查与分析的成本、供应商选择成本、谈判与合同拟定成本、初始订单履行成本与监控成本、采购时除采购价格以外的其他发生成本。

② 采购成本。采购成本是指购买直接材料和间接材料、产品或服务所支付的采购费用。它涉及的获得成本包括装卸及运输成本、场所准备(资产购买)成本、最初培训成本、安装成本及检测成本。

③ 质量成本。质量成本是指致力于使产品和服务达到质量水平和符合性要求的有关费用。

④ 融资成本。融资成本是指在购买存货和材料、配备新的设施和购置设备进行融资所产生的成本。

⑤ 税收。税收是指进行国际采购时产生的关税、加工税、燃料税、通行税、设备税等税收。

(2)所有权使用成本。所有权使用成本是指发生在最初购买之后,与所购产品、物料、设备的使用过程相关的成本。

① 风险成本。风险成本主要是指中断成本和存货成本。中断成本是指购买了不合格的物料,造成整个供应链中断所产生的成本,主要包括:第一,产品数量减少及资源空闲造成的浪费和损失;第二,产品质量低劣而销售不出去的机会成本;第三,交货时间无法保证导致与客户产生摩擦的关系成本或信誉损失形成的成本。存货成本是指为了防止缺货而持有存货所产生的成本。除此以外,风险成本还包括从新的供应商处采购时的可靠性风险,生产过程中使用新材料、新工艺带来的风险等。

② 时间成本。时间成本是指为了减少新产品进入市场的时间或者增加单位产品产量或加速产品流通,提高投资收益率而花费的初始成本。

③ 转换成本。转换成本是指为了使生产适应物料而额外进行改进活动所产生的费用。

④ 与增值无关的成本。与增值无关的成本是指很少产生价值或者几乎不产生价值的成本。

(3)所有权后成本。剩余材料和设备的处置成本是资产处置以后进行所有权成本估计的重要因素。

① 处置成本。处置成本是指处理剩余物资和资产时产生的成本,如处置费用、税费、人工费用等,是所有权后成本的重要组成部分。

② 环境成本。环境成本是指因企业行为造成环境污染而产生的巨大成本,或者是企业因为受到环境污染而要额外承担的成本。

③ 保修成本。保修成本是指因产品质量低劣、设计存在的漏洞所产生的相关保修成本。

④ 产品责任成本。产品责任成本是指因产品质量低劣、设计存在漏洞而对客户造成伤害,企业承担赔偿费用。

⑤ 顾客不满意成本。顾客不满意成本是指顾客对企业产品产生不满情绪时所传递的负面效应给企业造成的潜在损失。

由此可见,所有权总成本包括对一项采购产品或服务的占有、使用、管理、保持和处置等方面的成本,它不仅是构成最终产品价格的单个成本因素的加总(物料、劳动时间与工资率、间接成本、一般成本与管理成本、利润),还包括运送、操作程序、检验、质量保证、设备维护、后续作业和其他许多相关工序所造成的成本。

 案例分享　　**某企业一项国外采购零件所发生的所有权成本**

某企业从国外采购一批零件,该企业对零件的所有权总成本进行了统计,如表6-3所示。

表 6-3　跨境采购零件的所有权成本

项　目	单价或单位费用/美元	该项目占总采购成本的百分比/%
采购价格	37.20	54.31
运输费	5.97	8.72
保险费	1.96	2.86
运输代理	0.03	0.04
进口关税	2.05	2.99
流通过程费用	0.41	0.60
库存利息	0.97	1.42
仓储费用	0.92	1.34
退货包装等摊销	0.09	0.13
不合格品内部处理费用	0.43	0.63
不合格品退货费用	0.14	0.20
付款利息损失	0.53	0.77
开发成本摊销	6.20	9.05
提供给供应商的专用模具摊销	5.60	8.18
包装投资摊销	6.00	8.76
其他费用	0.00	0.00
总计	68.50	100.00

从表 6-3 可以看出,采购价格只是所有权成本中的一个部分,企业不应追求采购价格最低,而应追求总拥有成本最低。

6.3.2　采购成本分析

企业对采购成本进行核算和分析,识别采购主要成本因素,从而制定有效措施降低成本。

1. 价值分析法

价值分析法是从功能角度分析产品,以最低的费用向用户提供所需要的功能,是功能分析和功能评价的方法,即价值＝功能÷成本。提高价值的基本途径如下。

(1) 增加功能,降低成本,大幅度提高价值。

(2) 功能不变,降低成本,提高价值。

(3) 功能有所增加,成本不变,提高价值。

(4) 功能略有下降,成本大幅度降低,提高价值。

(5) 大幅度增加功能,适当提高成本,提高价值。

2. 生命周期成本法

生命周期成本法(life cycle cost,LCC)是一种计算发生在生命周期内的全部成本的方法,以最低的成本在生命周期内使具体的物理资产获得最佳利用。

生命周期成本包括初期的购置成本、生命周期过程中的运营维护成本和报废清理成本,生命周期成本细分结构如图 6-9 所示。

生命周期成本分析步骤如图 6-10 所示。

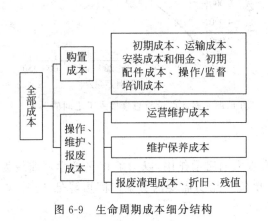

图 6-9　生命周期成本细分结构　　　　图 6-10　生命周期成本分析步骤

3. 作业成本分析法

作业成本分析法是一种成本的归属方法,依据作业对资源的消耗情况,将作业成本追踪到产品中,作业成本分析法试图通过追踪产品的间接成本的原因,把间接成本转化为直接成本,并通过对间接成本的动因确认,将间接成本分摊到产品中。

基于作业成本分析法的采购成本分析过程如图 6-11 所示。

4. 学习曲线分析法

学习曲线(the learning curve)分析法是分析采购成本、实施采购降价的一个重要方法。

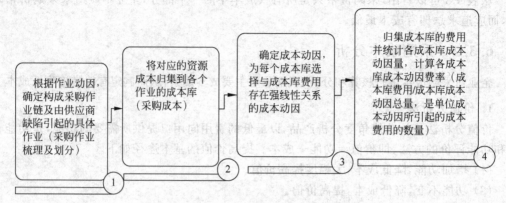

图 6-11 基于作业成本分析法的采购成本分析过程

学习曲线是随着产品累计产量的增加,单位产品的成本会以一定的比例下降,体现了"熟能生巧"。

(1)学习曲线的基本原理。学习曲线反映了累计产量的变化对单位成本的影响,累计产量的变化率与单位工时或成本的变化率之间保持一定的比例关系,如图 6-12 和图 6-13所示。

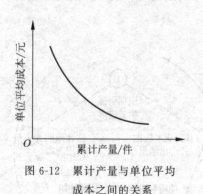

图 6-12 累计产量与单位平均
成本之间的关系

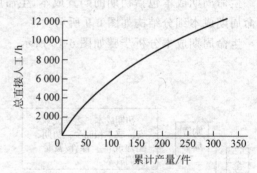

图 6-13 累计产量与总直接人工之间的关系

学习曲线对于成本的确定和目标管理具有很大的启示作用,以一条 90% 的学习曲线为例。改进是成对数关系的,每当产量翻番时,单位产品所需要的劳动时间可降低 10%,如表 6-4 所示。

表 6-4 90% 的学习曲线

生产数量/件	需要工时/h	累计工时/h	每单位平均工时/h
1	100	100	100
2	80	180	90
3	74	254	84.7
4	70	324	81

（2）学习曲线带来成本降低的原因。①随着生产经验的丰富，提高了操作效率；②降低了报废率和更正率；③改进了操作程序；④因生产经验带来了模具的改进；⑤价值工程和价值分析的应用。

（3）学习曲线应用的条件。包括：①适用学习曲线的条件。当生产过程所产生的学习效用是按固定比例发生的，产品成本的降低来源于学习效用。②不适用于学习曲线的条件。包括学习效率不一致；非劳动密集型产品；已有生产历史的产品。

学习曲线

实战训练：MC 公司准备购置一种新产品，向供应商下了 100 件的订单，收到的报价是 216 元。供应商计算的每单位成本如下。

物料	80 元
人工	50 元（单位产品平均 10 元/h，共 5h）
管理费用	50 元（假设是人工成本的 100%）
总成本	180 元
利润	36 元（以总成本的 20% 计）
单位价格	216 元

已知：本地行业工资标准为 5 元/h 时，该产品所耗用的物料为 80g/件，经过对该物料市场调查发现，其市场批发价格为 500 元/kg。

要求：对供应商成本计算进行修正。

如果供应商学习曲线为 90%，MC 公司欲增加订单 100 件，计算其总成本和总价格。

6.3.3　采购成本控制

企业采购成本控制的范围，包含采购申请、计划、询价、谈判、合同签订、采购订单、物料入库、货款结算等采购业务的全过程。

采购成本控制制度

采购成本控制表

1. 基于采购环境分析的采购成本控制

基于采购环境分析的采购成本控制是把企业自身、企业采购环境以及它们的相互关系作为采购成本控制的重要因素。企业内部环境的改善可以促使采购部门产生良好的采购决策，与其他部门进行有效沟通、增加业务的透明度，从而降低运营成本和材料的采购价格。通过采购外部环境的分析研究，可以提前掌握信息，规避风险，抓住降低采购成本的机会，增强企业采购成本的控制能力。

2. 基于采购制度的采购成本控制

通过建立严格、完善的采购制度，规范企业的采购活动，提高效率，防止部门之间的扯皮,预防采购人员的不良行为。

3. 基于采购价格管理的采购成本控制

基于采购价格管理的控制方法主要有目标价格法、成本价格法、谈判价格法、招标采购价格法、集中采购价格法和期货价格法等。企业采购部门综合运用一种或几种价格策略,为本企业争取到一个公平的采购价格,提高企业控制采购成本的能力。

任务实施

分析供应商成本的步骤如图 6-14 所示。

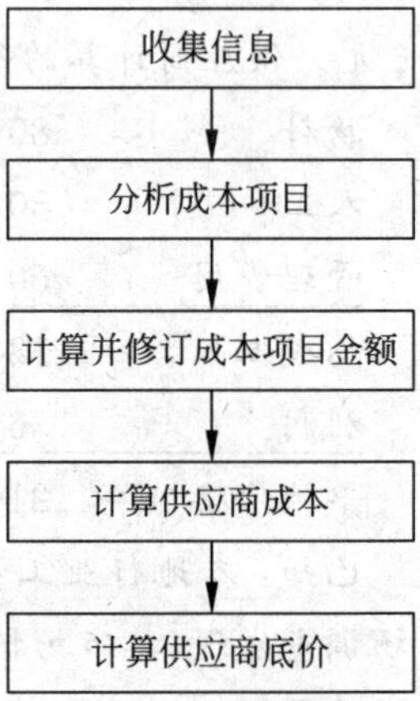

步骤 1:分析成本项目并修订成本项目金额。

利用所收集的信息,对供应商成本进行修正,修正后的供应商成本如下。

物料	80 元(单位产品物料消耗定额 0.2kg,单价为 400 元/kg)
人工	40 元(单位产品平均 8 元/h,共 5h)
制造费用	40 元(假设是人工成本的 100%)
总成本	160 元
利润	32 元(以总成本的 20%计)
单位价格	192 元

图 6-14　分析供应商成本的步骤

步骤 2:计算供应商成本。

追加 200 条轮胎订单,利用学习曲线计算供应商成本。

学习曲线为 80%,增加 200 条轮胎的订单,人工费用为 40×0.8=32 (元)。供应商单位成本如下。

物料	80 元(单位产品物料消耗定额 0.2kg,单价为 400 元/kg)
人工	32 元(学习曲线为 80%)
制造费用	32 元(假设是人工成本的 100%)
总成本	144 元
利润	28.8 元(以总成本的 20%计)
单位价格	172.8 元

步骤 3:计算供应商底价。

$$单位产品出厂价 = 单位产品制造成本 + \frac{单位产品销售利润}{1-期间费用率-销售税率}$$

当购买 200 条轮胎时,单位产品出厂价 =(160+32)÷(1-10%-10%)=240(元)。
当购买 400 条轮胎时,单位产品出厂价 =(144+28.8)÷(1-10%-10%)=216(元)。

任务训练:分析供应商成本

训练目的:通过本次训练,使学生了解采购成本分析的基本程序,掌握采购成本分析方法。

训练方式：以小组为单位完成实训任务，小组进行分工合作，每个组员完成相应任务，并署名。

训练环境：综合实训室（学生每人有一台可上网的计算机，桌椅可拼接）。

训练内容：JSJ 公司计划采购一批新的零部件，数量约为 500 个，如果价格合适，可追加订购 500 个。为控制采购价格，降低采购成本，需获取价格谈判时的参考依据。采购主管赵宇豪安排采购成本专员刘军运用成本构成分析法和学习曲线分析法分析供应商成本，利用成本加成分析法估算供应商底价。该零部件相关信息如下。

供应商给出的报价为 91.80 元/个，经市场调研分析如下。

物料成本　　　　40.00 元
人工成本　　　　12.00 元（平均 12 元/h，共 1h）
制造费用　　　　12.00 元（假设人工成本 100%）
总成本　　　　　64.00 元
利润　　　　　　23.80 元（以总成本 35% 计算）

刘军安排小李反馈行业工资、产品单耗以及原料批发价等信息。小李通过市场调研了解到，行业工作标准为 8 元/h，生产该零件的原材料市场价格为 320 元/kg，生产单位产品约消耗 100g。

假设销售税率为 12%，期间费用率为 10%，成本利润率为 30%。

训练要求：以采购成本专员刘军的身份完成采购成本分析。

6.3 任务工作单　　　　　　6.3 任务检查单　　　　　　6.3 任务评价单

学习总结

采购控制是对整个采购过程的控制，包括采购质量的控制、采购进度的控制和采购成本的控制 3 个方面。质量是客户要求被满足的程度，有形产品的质量特性包括性能、可靠性、耐用性、安全性、经济性 5 个方面。对于质量的规范性描述即为质量规范。为了保证采购质量，需要对采购物品进行检验。采购质量控制的重点是供应商的质量控制。为了保证准时送货，需要进行采购进度控制。在实践中交货延误是司空见惯的，造成延期交货的原因可能来自供应商和采购商，也可能是其他部门，因此需要认清造成延期交货的原因，有针对性地提出防范措施。

在企业产品成本中，采购成本占 60% 以上，因此控制采购成本是提高企业效益的重要手段之一。运用价值分析法、作业成本分析法、学习曲线分析法可以有效地分析采购成本，进而提出采购成本控制和降低的策略。

学 习 测 试

一、单项选择题

1. 对产品设计人员来说,质量(　　)。

　　A. 是产品满足功能要求的性质

　　B. 意味着性能、外观方面能够满足其需要的产品

　　C. 意味着以最小成本生产出符合订单规格要求的产品

　　D. 意味着在价格方面能满足其需要的产品

2. (　　)定义了产品或服务所必须达到的效果,它们用于定义重要的设备和许多类型服务的可接受性。

　　A. 化学和物理规格　　　　　　　　B. 原材料和制造方法的规格

　　C. 绩效规格　　　　　　　　　　　D. 设计标准

3. 一种常见的控制生产质量、防止最终产品出现缺陷的方法是(　　)。

　　A. 全面质量管理　　　　　　　　　B. 统计过程控制

　　C. 平衡计分卡　　　　　　　　　　D. 标杆法

4. (　　)描述的是原材料和组件的质量、尺寸、化学成分、检验方法等。

　　A. 化学和物理规格　　　　　　　　B. 原材料和制造方法的规格

　　C. 设计标准　　　　　　　　　　　D. 商业标准

5. 关于标准化的目的说法,正确的是(　　)。

　　A. 选择最合适的质量　　　　　　　B. 挑选最便宜的

　　C. 挑选最贵的　　　　　　　　　　D. 挑选最好的

6. 根据欧洲某专业机构的调查结果显示,成本降低可以达到 10%~50% 的是(　　)。

　　A. 在采购过程中通过价格谈判

　　B. 通过采购市场调研比较优化供应商

　　C. 通过发展伙伴型供应商并对供应商进行综合改进

　　D. 供应商早期参与产品开发

7. 使用"性价比"是来衡量(　　)之间的关系。

　　A. 质量与成本　　　B. 数量与成本　　　C. 数量与质量　　　D. 质量与价格

8. 采购成本是指(　　)。

　　A. 买价　　　　　　　　　　　　　B. 订购费用

　　C. 采购人员的工资费用　　　　　　D. 买价、运杂费及相关的采购费用

9. 学习曲线所描绘的是生产数量与生产这些数量所需(　　)之间的经验关系。

　　A. 制造费用　　　B. 工资率　　　C. 工资成本　　　D. 工时

10. 如果每 1 000 个工时能降低 20%,这是(　　)。

　　A. 80% 的学习曲线　　　　　　　　B. 20% 的学习曲线

　　C. 120% 的学习曲线　　　　　　　 D. 10% 的学习曲线

二、多项选择题

1. 如果规格不适用于特定的企业,企业接收不到期望的产品,就可能产生浪费和供货

延迟。产生规格的原因包括( )。

  A. 缺乏标准化   B. 规格过于苛刻   C. 松散的规格

  D. 过时的规格   E. 国际标准的差异

2. 采购过程的质量控制可以从以下( )方面进行阐述。

  A. 初选供应商的质量控制

  B. 样件试制采购的质量控制

  C. 中试采购的质量控制

  D. 批量采购的质量控制

3. 来料检验的优点有( )。

  A. 来料检验通常比进货检验成本高许多

  B. 供应商对产品符合质量要求应承担的责任减少了

  C. 缩短了拒收、退货、再加工和再交货的周期

  D. 供应商的专业检验程序和检测设备得到了充分应用

4. 采购成本的降低可以使净利润( )和总资产( ),从而使资产收益率大大提高。

  A. 上升   B. 下降   C. 不变

5. 供应商报价是由( )4个元素组成。

  A. 原材料成本   B. 直接劳动力的成本

  C. 间接劳动力的成本 D. 利润

三、判断题

1. 订货前置期的一致性和连贯性要比其时间本身的长短重要得多。 ( )

2. 实现按时交付是采购的基本要求。 ( )

3. 催货经常被看成一项经过计划的、被动的任务。 ( )

4. 催货工作不是采购的一个重要方面。 ( )

5. 催货适用于采购订单的大部分。 ( )

6. 根据有关资料估计,存储成本一般占每年储存货物价值的25%。 ( )

7. 辅助价格谈判的一个基本工具就是学习曲线。 ( )

8. 当企业规模过大,出现规模不经济时,学习曲线的规律也存在。 ( )

9. 控制、降低采购成本的一个基本手段就是要求供应商提供尽量详细的报价单。 ( )

10. 收货、发货(至使用点)费用属于采购过程中可能发生的成本。 ( )

四、案例分析题

圣安医院的采购成本

  圣安医院是一家公立医院,拥有24间手术室和910张病床。在过去的10年中,同大多数医院一样,圣安医院也大幅度地削减了预算,但是仍有较大的财务压力。

  为了对财务成本加以控制,该医院限制并制定了外科医生每年的手术预算,用于支付人员工资以及设备和医疗用品的费用。

  采购 采购部门共有15人,职责是购买医院所有的医疗和非医疗用品,采购部的主任是哈尔·沃金斯。每年手术用的医疗用品价值达150万美元,其中大约价值80万美元的用品从泰勒医疗用品公司采购,50万美元的用品从阿尔法产品公司采购,其余用品由另外两家医疗产品供应商提供。

但是现在,由于预算压缩,圣安医院准备使用主要供应商协议,即选中的供应商享有产品的优先或独家供货权,而作为交换条件,供货商将提供 1.5%～2% 的数量折扣。

一次性手术巾　手术巾是在手术中用来遮盖患者的,过去圣安医院一直使用可重复使用的麻布巾,但现在换用新开发的一次性手术巾会节约成本,于是医院通过市场招标来决定与哪家供应商签订这份价值 40 万美元的一次性手术巾采购合同。之后采购部开始对投标商阿尔法产品公司和泰勒医疗用品公司进行分析,并对两家公司的产品进行了为期 3 个月的试用。

试用期间两家供应商的一次性手术巾都符合产品的质量要求,哈尔发现泰勒医疗用品的产品报价低,但医护人员更愿意使用阿尔法产品公司的产品,他们觉得阿尔法产品公司的产品更容易打开,而且他们认为泰勒医疗用品公司的产品切口处经常破裂,从而使无菌区域受到损害。

哈尔的困境　哈尔不知道该怎样做,因为泰勒医疗用品公司确实具有价格竞争力,而医护人员希望选用他们偏爱的产品,这确实是一个很大的矛盾。

案例问题:

(1) 如何协调降低采购成本与提升产品质量的关系?

(2) 哈尔当前应如何处理这个问题?主要理由是什么?

学 习 案 例

格兰海芬的采购成本控制措施

格兰海芬公司是一个有 80 年历史的世界级汽车配件制造商,格兰海芬公司的产品是各类变速排挡机械和电子制动系统,其目标是为全球客户提供世界级的产品设计、开发和项目管理以及精益生产与卓越品质。格兰海芬上海独资公司成立于 2004 年 12 月,主要生产乘用轿车换挡器,目前客户有本田、通用、克莱斯勒、铃木、现代、尼桑、福特等。

控制采购成本对一个企业的经营业绩至关重要。

格兰海芬公司一直致力于加强采购成本的管理和控制,完善采购管理制度,取得良好的经济效益。下面介绍格兰海芬在采购成本控制上的具体做法。

1. 建立、完善采购管理制度,做好采购成本控制的基础工作

(1) 建立严格的采购制度。采购制度应规定物料采购的申请、授权人的批准许可权、物料采购的流程、相关部门的责任和关系、各种材料采购的规定和方式、报价和价格审批等。

(2) 建立供应商档案和准入制度。对企业的正式供应商要建立档案,供应商档案内容除有编号、详细联系方式和地址外,还有付款条款、交货条款、交货期限、品质评级等;要建立供应商准入制度,重点材料的供应商必须经质检、物料、财务等部门的联合考核才能进入。

(3) 建立价格档案和价格评价体系。企业采购部门要对所有采购材料建立价格档案,对每一批采购物品的报价,应首先与归档的材料价格进行比较,分析价格差异的原因。对重点材料的价格要建立价格评估体系,由企业的相关部门组成价格评价组,定期收集有关的供应价格信息,分析、评价现有的价格水平,并对归档的价格档案进行评价和更新。

(4) 建立材料的标准采购价格,根据工作业绩对采购人员进行奖惩。

以上几方面的措施虽然不能完全杜绝采购人员的暗箱操作,但对完善采购管理、提高效率、控制采购成本确实有较大成效。

2. 降低材料成本的方法和手段

(1) 通过对付款条款的选择降低采购成本。如果企业资金充裕或者银行利率较低,可采用现金交易或货到付款的方式,这样往往能带来较大的价格折扣。此外,对于进口材料、外汇币种的选择和汇率走势也要格外注意。

(2) 把握价格变动的时机。价格经常会随着季节、市场供求情况而变动,因此,采购人员应注意价格变动的规律,把握采购时机。例如,格兰海芬公司的主要原材料聚碳酸酯(PC塑胶),每年八九月是其价格高点,采购部门若提前采购适当数量,会给公司带来很大的成本节约。

(3) 以竞争招标的方式来牵制供应商,对于大宗物料采购,一个有效的办法是实行竞争招标,通过供应商的比价,最终往往能得到较低的价格。

(4) 向制造商直接采购或结成同盟联合采购。向制造商直接采购,可以减少中间环节,降低采购成本。另外,有条件的几个同类厂家可结成同盟联合采购,形成批量,以获得更多的价格优惠。

(5) 选择信誉佳的供应商并与其签订长期合同。与诚实、讲信誉的供应商合作,不仅能保障供货的质量、交货的及时性,还可以得到其付款及价格方面的关照。

(6) 充分进行采购市场的调查和信息收集。企业应注意对采购市场的调查和信息的收集、整理,只要这样,才能充分了解市场状况和价格走势,使自身处于有利地位。

3. 实行战略成本管理来指导采购成本控制

(1) 估算供应商的产品和服务成本。以前的采购管理过多地强调企业内部的努力,而要真正做到对采购成本的全面控制,仅靠内部的努力是不够的,还应该对供应商的成本状况有所了解。只有这样,才能在价格谈判中占据主导地位。

(2) 对竞争对手进行分析。对竞争对手进行分析的目的是明确自己与竞争对手相比的成本态势如何。

学 习 评 价

核心能力评价

通过本项目学习,你的	核心能力	是否提高
	信息获取能力	
	自我表达能力	
	与人沟通能力	
	团队合作能力	
	解决问题能力	

自评人(签字)	教师(签字)
年　月　日	年　月　日

专业能力评价

通过本项目学习,你	能/否	准确程度	专业能力目标
			处理采购质量问题,填写退货单
			分析交货延迟原因,提出解决方案
			运用学习曲线分析法分析采购成本

自评人(签字)	教师(签字)
年　月　日	年　月　日

专业知识评价

通过本项目学习,你	能/否	精准程度	知识能力目标
			理解质量和质量规范
			熟悉质量检验的方法和流程
			掌握对供应商质量的控制点
			掌握采购前置期及其构成
			理解造成交货延迟的各种原因
			掌握所有权成本含义及其构成
			掌握采购成本分析方法

自评人(签字)	教师(签字)
年　月　日	年　月　日

供应商管理

学习目标

【知识目标】

1. 掌握供应商关系类型。
2. 掌握供应商合作伙伴关系。
3. 掌握供应商考核指标。
4. 掌握供应商考核方法。
5. 掌握供应商分级管理。

【能力目标】

1. 能够建立供应商档案。
2. 能够维护供应商池。
3. 能够设计供应商绩效评估表。
4. 能够根据供应商绩效评估结果进行分级。

【素质目标】

1. 具备客观、公正的处世原则。
2. 具备实事求是的工作作风。
3. 具有协调沟通能力。
4. 具有团队协作精神。
5. 具有强烈的责任感。

学习导图

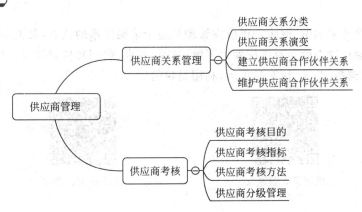

任务 1　供应商关系管理

任务描述

AAA 公司在与自行车零部件供应商合作过程中,供应商主管任杰对现有供应商进行评价,选择可以建立合作伙伴的供应商,通过对拟合作的供应商进行跟踪考察,选择与恒久橡胶公司建立合作伙伴关系。供应商关系专员宋佳琪需要为恒久橡胶公司建立供应商档案。

恒久橡胶公司基本信息如表 7-1 所示。

表 7-1　恒久橡胶公司基本信息

公司名称	恒久橡胶公司	成立年份	2004
地址	河北省廊坊市三河市黄土庄镇北环路 56 号	注册资金	10 亿元人民币
电话	0316-59628383	经营许可证号	33102200699
传真	0316-59462562	是否上市	否
邮箱地址	kefu@hengjiu.com	供应商联系人	许川
官网地址	www.hengjiuxiangjiao.com	联系人电话	13923498564

要求:以供应商主管任杰的身份对 AAA 公司现有供应商建立和维护合作伙伴关系;以供应商关系专员宋佳琪的身份将恒久橡胶公司的相关信息录入采购管理系统中。

任务分析

供应商是企业采购的"源头",供应商管理是企业采购管理的核心。建立和维护供应商关系是保证与供应商进行良好合作的基础。采购双方签订采购合同,就意味着建立了采供关系。要与供应商维持长期、默契关系,需要了解供应商关系的内容,以及建立供应商关系的方法和策略。

知识准备

供应商是企业采购的"源头",供应商管理是整个采购体系的核心,其关系到整个采购部门的业绩。供应商管理就是对供应商的了解、选择、开发、利用和控制等综合性管理工作,其中了解是基础,选择、开发、控制是手段,利用是目的。

供应商管理制度

供应商关系管理

供应商关系管理是供应商管理的一个重要部分,主要包括供应商关系的分类,与供应商建立和维持合作伙伴关系。

7.1.1　供应商关系分类

　　企业的资源是有限的,因此必须根据供应商对本企业经营影响的大小设定优先顺序,区别对待,以利于集中精力重点改进,发展对企业重要的供应商,因此,对供应商的分类是供应商关系管理的基础。

1. 根据企业与供应商的交易关系划分

　　根据企业与供应商之间的交易关系,将供应商分为公开竞价型供应商、网络型供应商和供应链管理型供应商。

　　(1)公开竞价型供应商。采购厂商将所采购的物资公开列示,向若干供应商提出采购计划,各个供应商根据自身的情况进行竞价,采购厂商依据供应商竞价的情况,选择其中价格低、质量好的供应商作为该项采购计划的供应商。

　　(2)网络型供应商。采购厂商通过与供应商长期的选择与交易,将在价格、质量、售后服务、综合实力等方面比较优秀的供应商组成供应商网络,企业的某些物品的采购只限于在供应商网络中进行采购。

　　(3)供应链管理型供应商。以供应链管理为指导思想的供应商管理,采购厂商与供应商之间的关系更为紧密,采购厂商与供应商之间通过信息共享,适时传递自己的需求信息,而供应商则根据实时的信息,将采购商所需的物资按时、保质、保量地送交厂商。

2. 根据企业与供应商的紧密程度划分

　　根据企业与供应商的紧密程度,将供应商分为交易型供应商、伙伴型供应商和渗透型供应商。

　　(1)交易型供应商。采购企业与供应商之间的关系是交易关系,即简单的买卖关系。

　　(2)伙伴型供应商。从长远利益出发,相互配合,不断改进产品质量与服务质量,共同降低成本,提高双方的竞争力,建立一种合作关系。

　　(3)渗透型供应商。在长期伙伴的基础上发展起来的,把对方公司看成自己公司的延伸,是自己公司的一部分。

　　以上两种划分构成供应商关系的基本模式,其特征如表 7-2 所示。

表 7-2　供应商六大关系模式

供应商模式	主　要　特　征
公开竞价型	需求方向供应方公开采购计划,选择最低价的供应商,特别适合于供大于求的市场
网络型	基于综合实力的比较组成供应商网络,采购只限于此网络,并不断优化网络
供应链管理型	供需双方信息共享,实施先进的供应链管理
交易型	短期合同,关注自身利益,限于供销员联系
伙伴型	为长期共同利益相互配合改进,多部门联系
渗透型	把对方看成自己公司的延伸,有时还会相互参股,双方派员加入对方的业务活动

3. 根据供应商对企业重要程度划分

根据供应商对企业重要程度,将供应商分为战略型供应商、优先型供应商、考察型供应商、积极淘汰型供应商、消极淘汰型供应商、身份未定型供应商。

(1)战略型供应商。对企业有战略意义的供应商。对这类供应商应该着眼长远,培养长期关系。

(2)优先型供应商。提供的产品或服务虽然可在别的供应商处得到,但企业倾向于使用优先供应商。

(3)考察型供应商。一般是第一次给企业提供产品或服务,对其表现了解不足,于是给予1年的考察期限。

(4)积极淘汰型供应商。不但得不到新的生意,就连现有的生意都需要移走。这是供应商管理中最极端的例子。

(5)消极淘汰型供应商。不应该再得到新的产品。对这种供应商要理智对待。如果绩效还可以,不要破坏平衡。

(6)身份未定型供应商。在分析评价之后,要么升级为考察型供应商,要么定义为消极淘汰型或积极淘汰型供应商。

4. 根据供应商分类矩阵划分

根据供应商对本企业的重要性和本企业对供应商的重要性进行矩阵分析,并据此对供应商进行分类,将供应商分为伙伴型供应商、优先型供应商、重点商业型供应商、商业型供应商,如图7-1所示。

(1)商业型供应商。业务对双方均不重要,可以随时更换。

(2)重点商业型供应商。业务对供应商不太重要,对本企业十分重要。

(3)优先型供应商。业务对本企业不太重要,对供应商十分重要。

(4)伙伴型供应商。供应商自身有很强的产品开发能力,业务对双方均很重要。

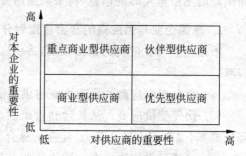

图 7-1　供应商分类矩阵

通过以上不同标准,对供应商关系进行了分类。综合对比各类供应商的关系特征及供货方式等的区别,如表7-3所示。

表 7-3　各类供应商的关系特征及供货方式等的区别

项　目	商业型供应商	优先型供应商	伙伴型供应商	
			供应伙伴	设计伙伴
关系特征	运作联系	运作联系	战术考虑	战略考虑
时间跨度	1年以下	1年左右	1~3年	1~5年
设计和生产	提供不同产品让顾客选择	按顾客设计要求进行生产	按顾客要求设计和生产	早期介入产品设计提供技术支持共享知识产权
质量	由顾客检验把关	由顾客检验把关	供应商保证顾客质量抽检	共同确定质量标准供应商保证质量

续表

项 目	商业型供应商	优先型供应商	伙伴型供应商	
			供应伙伴	设计伙伴
供货方式	按交货订单供货	按年度协议和交货订单供货	按需求计划供货 JIT 供货	按电子数据交换系统信息供货 管理供应商库存
合约	短期买卖协议	年度合作协议	年度合资协议 质量协议	年度合资协议 设计合同 质量协议
成本或价格	市场价格	价格＋批量折扣	价格＋降价目标	公开价格 降低成本计划

案例分享 **波音公司与其战略型供应商**

波音公司(Boeing)是世界上最大的航空航天公司,通过考察波音公司商用飞机的情况,可以看出供应商关系在其全盘业务中的重要性。波音公司多年来一直把重点放在性能卓越的喷气机系列上,尽管每一架飞机都是由波音公司设计和制造的,但是全球的供应商们都为此做出了重要的贡献。长期以来,波音公司与日本的 4 家飞机制造公司——三菱(Mitsubishi)重工业公司、川崎(Kawasaki)重工业公司、石川岛播磨(Ishikawajima-Harim)重工业公司和富士(Fuji)重工业公司建立了良好的供应商关系。为了解波音公司与上述日本供应商的关系,追溯至几十年前。当时波音公司在日本第一次试销飞行和推销自己的产品,日本要求的附加条件是波音公司必须把某些零部件制造业务承包给日本公司。为了打开和占领日本市场,波音公司的管理者接受了这一条件。这就使双方开始了一个动态的策略变化过程,最终形成了目前重要的相互依赖关系。4 家日本供应商在波音公司的宽体喷气机的机体中贡献了 40%的价值,其使用的专业技术和工具在许多方面都是全球领先的。

7.1.2 供应商关系演变

企业与供应商之间的关系是不断演变的。一般来说,供应商关系经历了从买卖关系到合作伙伴关系(双赢关系、战略联盟关系)的演变过程,如表 7-4 所示。

表 7-4 供应商关系演变过程

时间	20 世纪六七十年代	20 世纪七八十年代	20 世纪八九十年代	21 世纪
关系演变	"零和"关系	"双赢"关系	"双赢"关系	"共赢"关系
关系特征	竞争对手	协作关系	伙伴关系	探索/平衡全球
市场特点	• 许多货源 • 大量存货	• 买卖双方建立良好的协作关系,扩大市场占有率 • 供应商根据客户要求进行设计、生产或供货	• 信息共享、资源整合 • 利益焦点集中在供应链利益最大化	• 市场全球化,不断地调整双方伙伴关系 • 在全球经济中寻求平衡与发展

续表

时间	20世纪六七十年代	20世纪七八十年代	20世纪八九十年代	21世纪
采购运作	• 以最低价格购买到最好的产品	• 采购总成本最低,而不是采购价格最低 • 买卖双方相互支持,注重长期合作	• 风险共担、利益共享。发挥各自优势,共同把"蛋糕"做大,实现"双赢" • 双方合作信息化、网络化、同步化 • 供应商前期参与研发 • 供应商不断优化和持续改进	• 通过全球网络优化供应商 • "上游"控制与管理,共同研发与发展 • 进行全球"共同采购"

(1) 买卖关系(竞争关系)。一直以来,供应商关系被大部分企业认为是简单的交易关系,双方的关系自钱货两讫时就基本结束,买方与供应商保持的是一种短期合同关系。采供双方竞争的核心是价格;采供双方的交易是零和博弈,是0-1关系,即一方获利就是另一方的损失,在交易方式上是一手交钱,一手交货。买卖交易关系如图7-2所示。

(2) 合作伙伴关系(双赢关系)。合作伙伴关系(双赢关系)是指上下游企业密切协作,基于相互信任、开放、共担风险、共享收益的一种特定的长期合作企业关系,如图7-3所示。

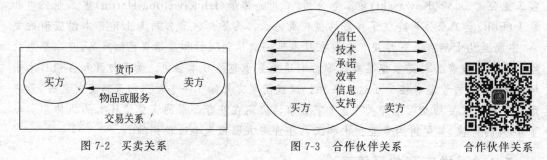

图7-2　买卖关系　　　　图7-3　合作伙伴关系　　　　合作伙伴关系

(3) 竞争关系与合作伙伴关系的特征比较。合作伙伴关系是供需双方的一种新型关系,与竞争关系有很大区别,如表7-5所示。

表7-5　竞争关系与合作伙伴关系的区别

项　目	竞　争　关　系	合　作　伙　伴　关　系
关系特征	竞争对手,相互独立	合作伙伴,相互协同
市场特点	许多货源,大量存货,买卖双方是竞争对手	合作的货源,少量存货,买卖双方成为伙伴,实现"双赢"
采购运作	① 买方同时向若干供应商购货,通过供应商之间的竞争获得价格好处,同时也保证供应的连续性 ② 买方通过在供应商之间分配采购数量对供应商加以控制;买方与供应商保持的是一种短期合同关系	① 制造商对供应商给予协助,帮助供应商降低成本、改进质量、加快产品开发进度 ② 通过建立相互信任的关系提高效率,降低交易/管理成本 ③ 长期的信任合作取代短期的合同 ④ 有比较多的信息交流与协同

7.1.3　建立供应商合作伙伴关系

供应商合作伙伴关系是指双方在相互信任的基础上,为共同的、明确的目标而建立起一种长期的合作伙伴关系,是企业与供应商之间所形成的最高层次的合作伙伴关系。

1. 供应商合作伙伴关系的特点

供应商合作伙伴关系是一种长期的、相对稳定的依存关系,采供双方诚信、公开、公平地进行合作,风险共担,信息与收益共享。这种关系通常以合作协议的形式确定下来,且每个层次都有相应的沟通协调。具体来说,供应商合作伙伴关系具有以下特点。

(1) 信息和知识共享。采购企业和供应商共享与供应绩效相关的信息和知识。采购企业向供应商提供自己的生产、库存、技术、计划、管理等方面的相关信息,而供应商也向采购商公开成本控制、质量控制、库存控制以及相关的管理资料。

(2) 降低成本,共享节约成果。采购商和供应商共享成本控制信息,共同分析成本并探索成本降低的方法,共享增加的利润。

(3) 持续质量保证与改进。供应商一直提供高品质的产品,并不断地提高产品质量。一旦出现质量问题,采购企业与供应商共同分析问题,查找问题根源,提出解决方法。

(4) 高度信任。高度信任使得采购企业愿意放弃多源订货转向单源供应。

高度信任使得采供双方分享更多的核心信息和资源。高度信任使得采供双方以系统利益最大化为目标。

2. 建立供应商合作伙伴关系的流程

一般来说,供应商合作伙伴关系都是由采购方驱动的,建立供应商合作伙伴关系的流程如图 7-4 所示。

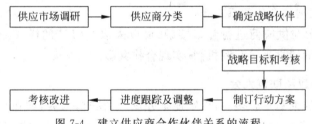

图 7-4　建立供应商合作伙伴关系的流程

(1) 采购企业对供应市场进行调研,在此基础上对各个供应商进行全面、客观地评价,根据评价结果对供应商进行分类,确定作为伙伴型供应商的对象。

(2) 根据对供应商合作伙伴关系的要求,明确战略目标及考核指标,制订相应的行动计划。这些行动计划和目标必须在采购企业内部的高层领导和相关部门之间进行充分的交流,取得一致意见,并获得供应商的参与认可,双方签字生效。

(3) 通过供应商会议、供应商访问等形式针对计划实施进行组织和进度跟进,内容包括对质量、交货、成本、服务、新产品开发、新技术开发等方面的改善进行跟踪考核,定期检查进度,及时沟通并协调行动。

(4) 采购企业通过供应商绩效业绩考评、体系审核等机制跟踪供应商的综合表现,及时反馈并提出改善要求。

本田美国公司建立供应商合作伙伴关系

位于俄亥俄州的本田美国公司秉承"你在哪里生产就在哪里购买"的理念,其总成本的80％用于向供应商采购。本田美国公司与 Tower Automotive 公司(压制部件和焊接组件的供应商)建立合作伙伴关系中,运用了商业伙伴(business partenaires,BP)的程序。本田美国公司帮助 Tower 公司重新设计了制作 A 零件的工艺过程,这是一种前后门之间连接车顶和底盘的金属部件。本田美国公司建议使用固定位置的熔焊台,只需用简单的拣起放下式机器人在工作台之间移动部件即可,而无需让精密复杂的熔焊机器人围着部件转。这个新的工艺设计使得产量翻番,从每小时生产 63 个部件增加到每小时 125 个。由于固定焊枪,降低了损耗,减少了焊接点的撕裂,因此焊枪的使用寿命也从 50 000 个焊接点上升到250 000 个。

7.1.4　维护供应商合作伙伴关系

维护供应商合作伙伴关系是采购企业与供应商合同、合约的执行过程中,为巩固并不断发展完善供货、合作甚至联盟关系而做出的努力。对于供应商合作伙伴关系的维护,应当从以下 3 个角度入手。

供应商跟踪记录表

1. 建立双方不同层级管理者沟通机制

采购企业与供应商在合作过程中,建立一个囊括从基层管理到高层领导之间的所有互动,并且让合作伙伴关系得到切实执行和落地。

(1) 高层互访。在高度互信的基础上,实现高层定期互访。只有双方高层人员相互熟悉、信任,合作伙伴关系才能在企业内部决策中得以实现。

(2) 企业中层管理者之间根据彼此的发展,设定精准的共同发展计划,维护长期稳定、面向未来、可持续发展的合作关系。

(3) 采购部门要与供应商进行频繁接触,可以采取"驻厂"的模式加强合作,通过在价格、质量、服务等方面建立平等互利机制,实现合作共赢。

2. 定期举办供应商联谊大会

如果企业的供应商数量较多,可以定期举办供应商联谊大会,如在年中、年终以及重大项目结束后举办,以加强供应商与企业之间的情感互动,为进一步合作拓宽渠道。在供应商联谊大会上,可以进行以下活动。

(1) 对业绩优秀的供应商进行表彰,使得优秀供应商感受到企业的重视。

(2) 及时分享未来的规划,尤其对于不同供应商产业,进行详细说明,让供应商感受到未来进一步的合作潜力。

(3) 在联谊会上对供应商实施调研,会后对相关信息进行反馈,让供应商意识到自身的不足,以及与其他供应商相比存在的差距和提升的空间。

3. 建立定期评估与反馈制度,实施动态管理

采购企业在与供应商合作的过程中,建立定期评估和反馈制度。通过双方的合约,建立合理、公正、公开供应商考核评价指标体系,定期对供应商的绩效进行评估,并且将评估结果进行实时反馈,实施公开透明的评价机制。根据评估结果,对供应商进行分类,实施动态管理。这是优化合作伙伴的重要手段。

案例分享　　　　　　　**本田美国公司维护供应商合作伙伴关系**

本田美国公司与供应商之间是一种长期相互信赖的合作伙伴关系。如果供应商能够达到本田美国公司的要求,就可以成为它的终身供应商。本田美国公司也可以在以下方面提供支持和帮助,使其供应商成为一流的供应商。

(1) 2 名员工协助改善员工管理。

(2) 40 名工程师在采购部门协助供应商提高生产效率和质量。

(3) 质量控制部门配备 120 名工程师解决进厂产品和供应质量问题。

(4) 在塑造技术、焊接、铸模等领域提供技术支持。

(5) 成立特殊小组帮助供应商解决特定的问题。

(6) 直接与供应商上层沟通,确保供应商的高质量。

(7) 定期检查供应商的运作情况,包括财务状况和商业计划等。

(8) 外派高层管理者到供应商所在地工作,加深对供应商的了解与沟通。

在俄亥俄州生产的汽车是本田美国公司在美国销量最好、品牌忠诚度最高的汽车,其中本田美国公司与供应商之间良好的合作伙伴关系是成功的关键因素之一。

任务实施

建立和维护供应商合作伙伴关系的实施步骤如图 7-5 所示。

步骤 1:对供应商进行分类。

对公司的所有供应商按照一定标准进行分类。

步骤 2:建立供应商合作伙伴关系。

根据不同类别供应商建立相应的关系,与一般交易型供应商之间建立买卖关系,与长期合作供应商建立合作伙伴关系。

步骤 3:维护供应商合作伙伴关系。

对于长期合作供应商,运用各种方法维系供应商合作伙伴关系。

供应商档案管理步骤如图 7-6 所示。

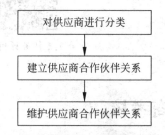

图 7-5　建立和维护供应商合作伙伴
　　　　关系的实施步骤

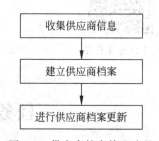

图 7-6　供应商档案管理步骤

步骤 1:收集供应商信息。

通过对供应商的调查(包括问卷调查和实地考察),收集供应商相关信息。

步骤 2：建立供应商档案。

对企业的供应商要建立档案,供应商档案包括供应商编号、详细地址和联系方式等基本信息,还应包括历史交易记录、现行设备与技术力量、财务状况、品质评级、银行账号等信誉类信息。

步骤 3：进行供应商档案更新。

对供应商档案进行定期和不定期的更新,进行动态管理。

任务训练：建立供应商档案

训练目的：通过训练,使学生掌握建立供应商档案的方法。

训练方式：以个人为单位完成实训任务。

训练环境：综合实训室(学生每人有一台可上网的计算机,桌椅可拼接)。

训练内容：鉴于北京尼科传动技术有限公司已与 JSJ 公司签署了采购合同,供应商关系专员许雅新按规定在公司的采购系统中为其编制了供应商档案。北京尼科传动技术有限公司基本信息如表 7-6 所示。

表 7-6　北京尼科传动技术有限公司基本信息

公司名称	北京尼科传动技术有限公司	成立年份	2005
地址	北京市房山区大件路 18 号	注册资金	25 亿元人民币
电话	010-63455611	经营许可证号	33548688785
传真	010-65355668	是否上市	否
邮箱地址	Nikechuandong@123.com	供应商联系人	王晴
官网地址	www.Nikechuandong.com	联系人电话	18723490782

训练要求：以供应商关系专员许雅新的身份将北京尼科传动技术有限公司的相关信息录入采购管理系统中。

7.1任务工作单　　　　　　7.1任务检查单　　　　　　7.1任务评价单

任务 2　供应商考核

任务描述

AAA 公司采取日常业绩跟踪和阶段性评比的方法,根据有关业绩的跟踪记录,按照季度或年度对供应商的业绩表现进行综合考核。供应商主管任杰亲自主持供应商评价工作,他指派供应商关系专员宋佳琪设计一份供应商绩效考核表。

要求：以供应商关系专员宋佳琪的身份，设计一份供应商绩效考核表，并以供应商主管任杰的身份组织对供应商考核。

任务分析

供应商考核是供应商管理的一项常规性工作，是对供应商实施动态管理提供依据。为了保证供应商考核的公正、公开和公平，建立考核指标体系、运用一定的考核方法，成为考核工作的关键点。如何考核供应商绩效，考核结果如何使用是本任务的学习重点。

知识准备

供应商考核是企业的一项常规工作，其过程十分繁杂，但是要求考核公正、公开和公平。

供应商考核制度

供应商考核

1. 供应商考核目的

（1）了解供应商的表现，激励现有供应商改善其供货品质、交货期与成本方面的积极性，确保供应商供货的效果。

（2）评估结果便于区分和比较供应商供货的效果，以便继续同优秀的供应商进行合作，淘汰劣质的供应商。

（3）了解供应商在供货过程中存在的不足，并将不足之处反馈给供应商，便于供应商改进和提高供应绩效。

2. 供应商考核指标

供应商绩效评估指标很多，不同的企业因做法不同所用的考核指标也各异。但概括归纳起来主要有质量（quality）、服务（service）、技术（technology）、价格（price）四大类。具体分层考核指标如表7-7所示。

表7-7　供应商考核指标

	来料批次合格率	$\dfrac{合格来料批次}{来料总批次} \times 100\%$
	来料抽检缺陷率	$\dfrac{抽检缺陷总数}{抽检样品总数} \times 100\%$
1. 质量指标	来料在线报废率	$\dfrac{来料总报废数（含在线生产时发现的）}{来料总数}$
	来料免检率	$\dfrac{来料免检的种类数}{该供应商供应的产品总种类数}$

续表

2. 供货指标	准时交货率	$\dfrac{按时按量交货的实际批次}{订单确认的交货总批次}\times100\%$
	交货周期	自订单开出之日到收货之时的时间长度,常以天为单位
	订单变化接受率	$\dfrac{订单增加或减少的交货数量}{订单原定的交货数量}\times100\%$
3. 价格指标	价格水平	往往同本公司所掌握的市场行情比较或根据供应商的实际成本结构及利润率进行判断
	报价行为	报价是否及时,报价单是否客观、具体、透明(分解成原材料费用、加工费用、包装费用、运输费用、税金、利润等以及相对应的交货与付款条件)
	降低成本的态度及行动	是否真诚地配合本公司或主动地开展降低成本活动,制订改进计划,实施改进行动,是否定期与本公司磋商价格
	分享降价成果	是否将降低成本的好处也让利给顾客(本公司)
	付款	是否积极配合响应本公司提出的付款条件要求与办法,开出付款发票是否准确、及时,符合有关财税要求
4. 支持、配合与服务指标	反应表现	对订单、交货、质量投诉等反应是否及时、迅速,答复是否妥当,对退货、挑选等是否及时处理
	沟通手段	是否有合适的人员与本公司沟通,沟通手段是否符合本公司的要求(电话、传真、电子邮件以及文件书写所用软件与本公司的匹配程度等)
	合作态度	是否将本公司看成重要客户,供应商高层领导或关键人物是否重视本公司的要求,供应商内部沟通协作(如市场、生产、计划、工程、质量等部门)是否能满足本公司的要求
	共同改进	是否积极参与或主动提出与本公司相关的质量、供应、成本等改进项目或活动,或推行新的管理做法等,是否积极组织参与本公司共同召开的供应商改进会议、配合本公司开展的质量体系审核等
	售后服务	是否主动征询顾客(本公司)的意见、主动访问本公司、主动解决或采取预防措施
	参与开发	是否参与、如何参与本公司的产品或业务开发过程
	其他支持	是否积极接纳本公司提出的有关参观、访问事宜,是否积极提供本公司要求的新产品报价与送样,是否妥善保存与本公司相关的文件等信息不予泄露,是否保证不与影响到本公司切身利益的相关公司或单位进行合作等

3. 供应商考核方法

1) 定性考核方法

定性考核方法是依靠预测人员的丰富实践经验及主观的判断和分析能力,推测出事物的性质和发展趋势的方法,属于预测分析的一种基本方法。

供应商考核方法

(1) 经验评估法。根据供应商的实际情况,主要依靠评估人员的经验及主观判断,对供应商进行评估的方法。例如,评估结果为优、良、中、差4个等级,与等级相对应的量化数据一般分为4个等级:优,80~100分;良,70~79分;中,60~69分;差,0~59分。

（2）项目列举法。由采购、物流、质量、生产、财务等部门，针对其所关心的项目，综合分析供应商过去和现在的表现。评估结果分为"满意""尚可""不满意"。

2）定量考核方法

定量考核方法是通过数据的统计，并依据数学模型进行分析和计算来考核供应商业绩的一种评价方法。目前，比较常用的方法是加权指数法。

加权指数法是一种定量的供应商考核方法，每个考核项目根据其重要性给予加权，计算整体的分数，加权指数的总和是 100。

（1）价格量化计算是根据市场最高价、最低价、平均价和自行估价，标准价格对应分数为 40 分。

（2）品质量化是按合格率计算的，得分为 30 分。

（3）交货量化主要是按准时交货率计算的，得分为 20 分。

（4）协调是一项定性指标，它是指供应商的配合程度、灵活应变能力和技术共同开发能力。

设置量化指标权重时，应该注意以下两点。

（1）坚持动态性原则，即不同类别的供应商采用不同的指标权重。

（2）每次采购都要根据产品服务类别、采购类别划分（金额、影响大小、供应风险等）来设定指标权重。

实战训练：企业的供应商绩效考核

某企业考核供应商指标规定，对于某物料的价格给予 50 分，品质给予 30 分，交货给予 20 分。3 个供应商的各项表现如表 7-8 所示。

表 7-8　3 个供应商的各项表现

供应商	报价	总交货次数	迟交货次数	退货次数
A	59	65	13	6
B	63	35	2	0
C	70	45	7	2

（1）价格评估。

$$价格分＝直接价格比较×权重数$$

（2）品质评估。

$$品质分＝合格率×权重数$$

（3）交货评估。

$$交货分＝交货率×权重数$$

经过计算可以得出以下结论，如表 7-9 所示。

请用加权指数法对 3 个供应商进行绩效评价。

表 7-9　3 个供应商评估结果　　　　　　　　　　单位：分

供应商	价格	品质	交货	总分
A	50	27.2	16	93.2
B	46.8	30	18.9	95.7
C	42.1	28.7	16.9	85.7

供应商绩效考核
分数表

评估结果：供应商 B 的整体情况较好，供应商 A 次之，供应商 C 较差。

3）定性考核方法与定量考核方法比较

定性考核方法与定量考核方法各有千秋，因此应用的场景也有所不同。两者的比较如表 7-10 所示。

表 7-10　定性考核方法与定量考核方法比较

方　　法	优　　点	缺　　点	使用条件
定性考核方法	① 容易实施 ② 需要最少的资料 ③ 多数人可以参与 ④ 低成本	① 最不可靠 ② 评估资料少 ③ 主观意见 ④ 人工作业 ⑤ 不够精确	① 临时性小额采购 ② 规模较小企业
定量考核方法	① 比较精细 ② 客观、公正 ③ 促进企业建立计量制度	工作量大	金额大、数量大、标准化程度高的采购

4. 供应商分级管理

供应商分级是根据供应商的业绩记录，定期对所有供应商进行动态考核、划分等级并采取区别对待的管理过程，是供应商管理的重要组成部分。

1）供应商分级的好处

对于采购企业来说，对供应商分级的好处在于以下几点。

（1）减少行政管理。

（2）减少采购企业所进行的交易。

（3）合作更简单。

（4）可以与较少的主要供应商建立更为密切和良好的关系。

2）供应商分级的方法

根据得分划分供应商的等级，采取相应策略。

85～100 分：A 级供应商，优秀供应商。

75～84 分：B 级供应商，合格供应商。

60～74 分：C 级供应商，需要培训与辅导。

60 分以下：D 级供应商，不合格供应商，应淘汰。

任务实施

供应商考核的实施步骤如图 7-7 所示。

步骤 1：建立供应商考核量化指标设计原则。

供应商考核量化指标设计应遵循"公平、公正、客观、公开原则，定量原则，成本性原则，可操作性原则"。

步骤 2：确定考核的归口部门和量化指标权重。

根据企业对供应商的管理要求，指定相应的归口部门对供应商的评估工作进行统一管理。根据对供应商的绩效考核重点和企业自身情况，有选择地量化对供应商的考核内容，并确定相应的权重，如价格、质量、付款周期、交货周期、服务、合同履行和成长性等。

步骤 3：对供应商评估考核结果的应用。

对供应商进行评估时，各相关部门根据对供应商调研后的反馈信息，分别对价格、质量、付款周期、交货周期、服务、合同履行情况、成长性等考核指标给出相应的分值，由考核归口部门负责汇总，计算加权分，并得出评估分。

步骤 4：对供应商的分级管理。

对供应商的绩效进行评估后，就可以对供应商进行分级管理，并根据供应商级别的不同，在合同签订、付款方式、付款周期等方面采取不同的策略。

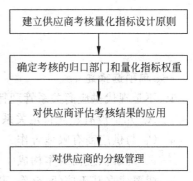

图 7-7 供应商考核的实施步骤

任务训练：设计供应商考核表

训练目的：通过本次训练，使学生掌握供应商考核的内容，学会设计供应商考核表。

训练方式：以小组为单位分工完成实训任务，每个组员完成相应任务，并署名。

训练环境：不限。

训练内容：2019 年年底，JSJ 公司按照规定将对所有供应商进行年底考核。采购主管赵宇豪安排供应商关系专员许雅新制定一份供应商考核表。

训练要求：以供应商关系专员许雅新的身份，在采购管理系统上制定一份供应商考核表；分组模拟供应商考核。

7.2 任务工作单

7.2 任务检查单

7.2 任务评价单

学 习 总 结

供应商管理并不直接参与具体采购过程，它一般发生在采购之前和采购之后，管理供应商的实质是通过维系与供应商的合作关系，确保供应商以最低的成本及时地提供符合企业质量和数量要求的产品或服务。采购人员和采购组织的绩效指标中绝大部分是通过供应商为组织提供的产品或服务实现的，因此对供应商的绩效评估实际也是对采购人员自身的评估过程。完善的供应商管理将大大降低采购过程的实施风险和成本，是采购实施过程不可或缺的预防措施。

学习测试

一、单项选择题

1. 不是现代供应商关系管理特征的是(　　)。
   　A. 几乎没有建立特定关系　　　　　　B. 突出供应质量
   　C. 与供应商有限地合作　　　　　　　D. 制定服务协议
   　E. 理解供应商成本构成

2. 想要建立基于信任、合作、开放性交流的供应链长期合作伙伴关系,首先(　　)。
   　A. 分析市场竞争环境　　　　　　　　B. 建立供应商能够选择的目标
   　C. 建立供应商评价标准　　　　　　　D. 评价供应商

3. 以下不属于按照供应商分类模块法,将供应商划分的类型是(　　)。
   　A. 伙伴型　　　　　B. 合作型　　　　　C. 优先型　　　　　D. 重点商业型

4. 1974 年,本田汽车公司通知一些零部件厂商,未来 5 年内,本田不希望零部件涨价,同时本田将密切同供应商合作,帮助他们改革和优化零部件设计,而且本田还将新的生产方法技术提供给供应商。这里供应商与采购商是(　　)。
   　A. 买卖关系　　　　　　　　　　　　B. 竞争关系
   　C. 战略合作伙伴关系　　　　　　　　D. 兼并关系

5. 在对供应商进行认证审核之前,不属于供应商至少应满足的条件是(　　)。
   　A. 供应商提交的样件已经通过认证
   　B. 价格及其他商务条款符合要求
   　C. 供应商审核必须合格
   　D. 供应商具有良好的企业风险意识和风险管理能力

6. (　　)是企业评价供应商的最低标准。
   　A. 供应商是否具备基本的职业道德
   　B. 供应商是否具备良好的沟通和协调能力
   　C. 供应商是否具有在规定的交货期内提供符合采购企业要求货品的能力
   　D. 供应商是否具有良好的企业风险意识和风险管理能力

7. 现代采购企业与供应商的关系是(　　)。
   　A. 零和　　　　　　B. 单赢　　　　　　C. 双赢　　　　　　D. 共赢

8. 供应商是指(　　)。
   　A. 提供产品的组织和个人,他们可以是制造商、批发商、产品的零售商,也可以是服务或信息的提供者
   　B. 强调公司之间的过程与关系
   　C. 原材料采购到产品分销给顾客的整个过程中对产品和服务的管理
   　D. 以上都不对

9. (　　)是一种互利共赢的关系。
   　A. 竞争关系模式　　　　　　　　　　B. 合作伙伴关系
   　C. 互利供需关系　　　　　　　　　　D. 以上都不对

10. 对供应商的评价各要素中,(   )是最重要的因素。

    A. 价格   B. 交货期   C. 产品质量   D. 信用度

11. 不是支持、配合与服务指标的考核点的是(   )。

    A. 价格水平   B. 售后服务   C. 沟通手段   D. 参与研发

12. 下列关于供应商评价的操作步骤说法,错误的是(   )。

    A. 最后一步是评价供应商

    B. 在实际评价时,企业必须确定各个步骤开始的时间

    C. 每一步骤对企业来说都是动态的

    D. 每一步骤是一次改善业务的过程

13. 定性考核方法的缺点是(   )。

    A. 低成本制度   B. 最主观的判断   C. 评估次数最少

    D. 最不可靠   E. 容易实施

14. 定量考核方法的优点不包括(   )。

    A. 有弹性的制度   B. 实施成本适中

    C. 多数人可以参与   D. 可以作为供应商评定方法

15. 提高(   ),一是进一步降低成本;二是创造更多的价值。

    A. 供应商   B. 供应链   C. 供应商绩效   D. 供应链绩效

二、多项选择题

1. 供应商合作伙伴关系的特点包括(   )。

    A. 供应商数量增多   B. 信息和知识共享   C. 降低成本

    D. 准时交货   E. 高度信任

2. 下列关于建立供应商评价标准描述,正确的有(   )。

    A. 是为建立供应商战略合作伙伴服务的

    B. 不同行业、企业,不同产品需求和环境下的供应商评价都差不多

    C. 是企业对供应商进行综合评价的依据和标准

    D. 是反映企业本身和环境所构成复杂系统的不同属性的指标

    E. 是按隶属关系、层次结构有序组成的集合

3. 供应商考核方法有(   )。

    A. 定性考核法   B. 定量考核法

    C. 经验评估法   D. 以上都不对

4. 供应商考核的目的是(   )。

    A. 获得符合企业总体质量和数量要求的产品与服务

    B. 确保供应商能够提供最优质的服务、产品及最及时的供货

    C. 力争以最低的成本获得最优的产品和服务

    D. 淘汰不合格的供应商,开发有潜质的供应商,不断推陈出新

    E. 维护和发展良好的、长期稳定的供应商合作关系

5. 供应商考核包括(   )。

    A. 质量   B. 时间   C. 成本

    D. 供应   E. 服务性

6. 下列说法中,对权重的正确描述有( )。

    A. 权重代表人的价值取向,权重大的说明很重要

    B. 权重小的说明不怎么重要,为 0 可以不考虑

    C. 权重是人定的,没有统一的标准

    D. 以上都不对

三、判断题

1. 联盟型的供应商合作伙伴关系是一种综合的、复杂的关系,适用性较差。   ( )

2. 供应商考核的目的是了解供应商的表现,促进供应商提升供应水平。   ( )

3. 综合评分法是以价格为基础的评分方法。   ( )

4. 对供应商进行考核时,退货率属于服务维度的指标。   ( )

5. 专业资格是指供应商的合法地位和信誉,包括是否注册、是否破产、是否存在违法行为等。   ( )

四、案例分析题

C 公司对商场供应商绩效评估

C 公司旗下有一个大型商场,该商场持有大量存货,包括各种各样的物资。目前,C 公司对商场运营方面没有进行具体的绩效管理,人们普遍认为商场运营效率低下,成本偏高。于是,C 公司聘请了张凯就任商场新成立的中央采购部门经理。此前他是一家私营制造公司的高级采购主管,采购经验丰富。除负责协调中央采购部门的各项工作之外,他还要具体负责 C 公司商场所有固定资产的采购及整体运营绩效。年底,张凯需要对 3 家主要供应商(ABC)进行考核。公司 3 家主要供应商的相关信息如表 7-11 所示。

表 7-11 C 公司 3 家主要供应商的相关信息

项 目	A	B	C
质量(每万件的残次品件数)	6	9	24
交付(平均前置期)	7 周	6 周	2 周
价格变化(今年相对于去年)	0	5%	−2%
服务水平(对询问的相应时间)	1d	4d	2d

案例问题:对 3 家供应商进行评估。

学 习 案 例

华为公司供应商管理之道

华为技术有限公司(以下简称华为公司)创立于 1987 年,是一家生产销售通信设备的民营通信科技公司。华为公司的产品主要涉及通信网络中的交换网络、传输网络、无线及有线固定接入网络和数据通信网络及无线终端产品,为世界各地通信运营商及专业网络拥有者提供硬件设备、软件、服务和解决方案。

华为致力于向所有潜在供应商提供合理、平等的机会,让所有潜在供应商都能够展示自

己的能力。潜在供应商以各种方式垂询将由采购部门进行回复。

1. 华为对供应商的认证

如果华为和供应商双方都有意开拓业务关系,华为采购部会要求潜在供应商完成调查问卷。在接到调查问卷并对供应商进行评估后,华为将会告知评估结果。如果华为有兴趣和供应商进行合作,将启动后续的认证步骤。后续认证可能需要和供应商面谈,讨论供应商对调查问卷的回复。根据面谈的结果,决定是否需要现场考察。然后可能需要进行样品测试和小批量测试,确保供应商的产品满足规格要求,产能满足需求。认证的结果将会告知供应商。在发生采购需求时,通过认证的供应商将作为候选供应商进入供应商选择流程。

2. 华为对供应商的选择

华为是由采购部各物料专家团(CEG)负责供应商选择。华为采购部在向外部供应商采购物品时,CEG 有责任为华为获取最佳的整体价值。因此,选择供应商有两个主要目标:一是选择最好的供应商;二是评定公平价值。

华为选择供应商的基本原则是"公平、公开和诚信",并建立了以下机制予以保证。

(1)采购集中控制。采购部是公司内部唯一授权向供应商做出资金承诺,获得物品或服务的组织。除此以外的任何承诺都视为绕过行为,视为对公司政策的违背。

(2)供应商选择团队。供应商选择将由相关专家团主任组建团队来进行,成员包括采购和内部客户的代表。采购团队的使命是制定 RFQ/RFP,确定能够按照华为要求提供所需产品或服务的现有合格供应商名单。这个团队管理供应商选择流程,参与评估供应商的回复以及选择供应商。

(3)供应商反馈办公室。如果供应商在与华为的交往中有任何不满意的地方,有专门的帮助中心负责收集供应商的反馈和投诉。

3. 华为对供应商的绩效评估

华为采购部制定了供应商评估流程,定期向供应商提供反馈。该流程包括相关专家团队正式的绩效评估。供应商的绩效主要从技术、质量、响应、交货、成本和合同条款履行这几个关键方面进行评估。绩效评估的目的在于给双方提供开放沟通的渠道,以提升彼此的关系。同时,华为鼓励供应商向华为反馈,站在客户的角度来评价华为,这些评估信息将用于改善彼此的业务关系和华为公司内部的业务运作。

4. 华为制定的行业行为准则

华为公司与供应商制定了双方应恪守的行业行为准则。

(1)诚信和道德标准。华为的政策是与供应商进行公平往来,遵守商业道德。在任何时候,供应商感觉到在政策执行过程中出现打折扣或背道而驰的情况,可以向供应商反馈办公室进行反映。华为公司将本着"尊重事实、谨慎周密"的原则进行调查处理,并替反馈人保守秘密。

(2)保密。采购部会保护华为自身的保密信息,同样也会保护与供应商签署的保密协议所涉及的保密信息。华为与每个供应商和潜在供应商的关系仅限于双方之间的事务。华为会负责地对待从供应商处获取的信息,员工也必须避免因疏忽大意获取或透露另一方的保密信息。

5. 华为与供应商的沟通

华为相信,只有良好的沟通才能培育出良好的合作关系。华为提供多样化的沟通渠道,以便华为和供应商进行开放的对话与讨论。

每个 CEG 内部都有供应商接口人,负责与供应商的接口和沟通,处理供应商与华为来往过程中可能碰到的任何问题和疑问。相应地,也要求供应商通过这个单一的接口与华为接触。通过这种渠道,CEG 会将所有可能影响供应商业务的采购策略和计划,传达给供应商。

华为设立供应商反馈办公室,主要是为了处理所有与采购相关的问题,包括供应商针对华为员工或某部门的不公平行为和不道德行为的投诉等,供应商可以坦诚地让华为知悉自己的顾虑,同时也帮助华为遵守承诺,这样促进了华为与供应商更为开放、有效的关系。

学 习 评 价

核心能力评价

通过本项目学习,你的	核心能力	是否提高
	信息获取能力	
	自我表达能力	
	与人沟通能力	
	团队合作能力	
	解决问题能力	

自评人(签字)	教师(签字)
年 月 日	年 月 日

专业能力评价

通过本项目学习,你	能/否	准确程度	专业能力目标
			建立供应商档案
			维护供应商池
			设计供应商绩效评估表
			使用评估结果对供应商进行分级

自评人(签字)	教师(签字)
年 月 日	年 月 日

专业知识评价

通过本项目学习,你	能/否	精准程度	知识能力目标
			掌握供应商关系的类型
			熟悉如何建立和维护供应商合作伙伴关系
			掌握供应商绩效评估指标
			掌握供应商绩效评估方法
			熟悉供应商绩效评估结果的使用

自评人(签字)	教师(签字)
年　月　日	年　月　日

评价采购绩效

🡒 学习目标

【知识目标】

1. 熟悉采购绩效评估的目的。

2. 熟悉采购绩效评估的指标设定原则。

3. 掌握采购绩效评估的指标体系。

4. 掌握采购绩效评估的标准。

5. 掌握如何实施采购绩效评估。

6. 理解对采购人员工作绩效考核中的难题。

7. 掌握对采购人员工作绩效考核指标。

8. 熟悉采购人员工作绩效考核对象和实施主体。

9. 熟悉采购人员工作绩效考核结果的使用。

【能力目标】

1. 能够根据采购绩效评估指标设计采购部门绩效考核表。

2. 能够正确实施评估,并正确地运用评估结果。

3. 能够根据对采购人员的考核内容设计绩效考核表。

4. 能够正确实施考核,并正确使用考核结果。

【素质目标】

1. 具备客观、公正的处世原则。

2. 具有协调沟通能力。

3. 具有团队协作精神。

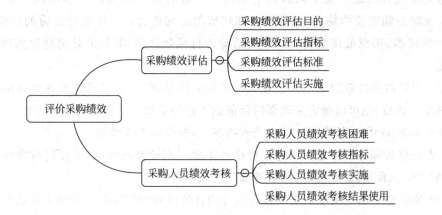

> 学习导图

任务 1　采购绩效评估

任务描述

　　2019 年年底,AAA 公司为了提高采购人员工作积极性,降低公司采购成本,提高供应商供货质量,根据采购评估制度对采购部门进行采购绩效评估。采购经理李翔飞亲自主持采购绩效评估工作,按照采购绩效评估工作的要求,采购绩效主管孔凡指派采购绩效专员徐佳设计一份采购部门绩效评估表。

　　要求:以采购绩效专员徐佳的身份,设计一份采购部门绩效评估表;以采购绩效主管孔凡的身份组织实施绩效评估。

任务分析

　　采购部门绩效评估表主要是从采购效果和采购效率两个方面进行设计。对于采购效果评价,主要是基于成果出发,考察的是采购达到目的的情况;对于采购效率改进,主要是基于因素分类的思想,关注的是取得成果的原因和如何改进。因此设计采购部门绩效评估表的关键是从采购效果和采购效率两个方面设计绩效评估指标。

知识准备

　　采购作为企业生产运作的一个重要环节,采购绩效对实现整体目标起着至关重要的作用。采购绩效评估是对采购工作进行全面系统的评价、对比,从而判定所处整体水平的做法。完成企业采购绩效评估工作,需要明确采购绩效评估的目的,设定采购绩效评估指标,选择采购绩效评估标准等。

采购绩效评估制度

1. 采购绩效评估目的

采购绩效评估是围绕着采购的基本功能来进行的。采购的基本功能主要是两个方面：①及时采购需要的物品,保证生产和销售的正常进行；②开发更优秀的供应商,持续降低采购成本,实现最佳采购。对采购活动进行绩效评估,其目的是更好地实现采购的基本功能。

(1) 提供改进绩效的依据。企业实行的绩效评估制度,可以提供客观的标准来衡量采购目标是否达成,也可以确定采购部门目前的工作绩效如何。正确的绩效评估,有助于指出采购作业的缺陷所在,从而据以拟定改善措施,不断提高工作绩效。

(2) 促进各部门的沟通。通过分析那些需要特别检查的单据,可使付款程序得到更加合理的安排,从而增强采购部门同管理部门之间的协调。

(3) 增强业务的透明度。定期报告制订的计划内容和实际执行的结果可以使客户能够核实他们的意见是否被采纳,向客户提出建设性的反馈意见；并且通过管理部门提供的个人和部门的业绩,采购部门的认可程度也有所增强。

2. 采购绩效评估指标

采购绩效评估的关键是要制定一套客观的、能够反映采购部门绩效、对考核对象具有导向性的采购绩效评估指标。采购绩效评估指标是评估采购工作成果的尺度和标准,是准确、客观、全面、科学地进行采购绩效评估的尺度和标准。

(1) 设定采购绩效评估指标的原则。①采购绩效评估指标要同企业的总体采购水平相适应。②采购绩效评估指标要满足内外顾客的需求,尤其是要满足下游顾客(如生产部门、品质管理等)的需要,实行"上游控制"原则。③合理确定采购绩效评估指标目标值,目标值既要具有一定的难度,又要具有一定的挑战性,还要具有一定的可实现性。

设定采购绩效评估指标是否适当,可应用 SMART 原则检查。SMART 分别由 specific、measurable、attainable、relevant、time-based 5 个词组组成。specific,具体明确的,是指绩效考核要切中特定的工作指标,不能笼统；measurable,可度量的,是指绩效指标是数量化或者行为化的,验证这些绩效指标的数据或者信息是可以获得的；attainable,可实现的,是指绩效指标在付出努力的情况下可以实现,避免设立过高或过低的目标；relevant,相关性,是指实现此目标与其他目标的关联情况；time-based,有时限,注重完成绩效指标的特定期限。企业的采购应符合 specific(具体明确)、measurable(可度量)、attainable(可实现)、relevant(相关性)、time-based(基于时间限制)的要求,进而根据企业具体的目标选择相应的评价指标。

采购绩效指标
目标值的设定

(2) 具体的采购绩效评估指标。采购绩效主要从采购效果和采购效率两个方面来评价,通过采购时间、采购数量、采购质量、采购价格/成本、采购效率等指标来衡量。采购业务领域常用的绩效指标如表 8-1 所示。

表 8-1 采购业务领域常用的绩效指标

采购绩效领域	绩效指标	说明与解释
质量绩效	批次质量合格率 来料免检率 来料在线报废率 来料返工率 来料退货率	考核对象为供应商,主要关注供应商提供物料的质量水平
	通过 ISO 9000 的供应商比例 实行来料免检的供应商的比例 来料免检的价值比例 实施(统计过程控制,SPC)的供应商比例 SPC 控制的物料数量比例	考核对象为供应商,主要关注供应商质量体系
数量绩效	储存费用	该指标是现有存货利息及保管费用与正常存货水平利息及保管费用的差额
	呆料、废料处理损失	该指标是处理呆料、废料的收入与其成本的差额
时间绩效	紧急采购费用	该指标是指紧急运输方式的费用与正常运输费用的差额
	停工断料损失	该指标是指停工待料期间所有的损失
价格绩效	参考性指标: 年采购额 年人均采购额 各供应商年采购额 供应商平均采购额 各采购物品年度采购基价等	参考性指标一般是作为计算采购相关指标的基础,也是表明采购规模、了解采购人员及其供应商负荷的参考依据
	控制性指标: 平均付款周期 采购降价 本地化采购率等	控制性指标反映采购改进过程及其结构
效率绩效	采购金额 采购金额占销售收入的百分比 订购单的件数 采购人员的数量 采购部门的费用 开发供应商的数量 采购完成率 错误采购次数 订单处理时间等	考核对象是采购人员,主要关注采购部门的工作效率和采购人员的工作能力

3. 采购绩效评估标准

确定绩效评估指标之后,必须考虑将何种标准设为与目前实际绩效比较的基础。一般常见的标准有历史绩效、标准绩效、行业平均绩效、目标绩效。

（1）历史绩效。通过与以往采购绩效进行比较，可以看出目前实际绩效水平的变化情况，并找出改进的方向。但是这种只能够在企业采购部门的组织、目标和人员等方面比较稳定的情况下使用。

（2）标准绩效。如果历史绩效难以取得或采购业务变化比较大，可以使用标准绩效作为衡量的基础。标准绩效的设定要符合固定性、挑战性、可实现性原则。

（3）行业平均绩效。与同行业其他企业的绩效进行比较，以辨别彼此在采购工作成效上的优劣。数据资料既可以使用个别公司的相关采购结果，也可以应用整个行业绩效的平均水准。

（4）目标绩效。在现有条件下，经过一番特别的努力才能达到的较高的目标。目标绩效代表公司管理当局对人员追求最佳绩效的期望值，通常是以同行业的最佳绩效水平为标准。

采购绩效评估标准的选择

4．采购绩效评估实施

企业采购绩效的评估是根据企业采购绩效评估制度对采购部门的采购工作进行绩效评估的过程，所以在采购绩效评估实施的过程中，要考虑由谁来进行评估、怎样评估、按照什么样的流程进行评估、评估工作标准如何等问题。

1）采购绩效评估的人员/部门

选择采购绩效评估人员/部门，应该选择最了解采购情况、与实现评估目标联系最紧密的人员和部门参加。通常是由采购部门主管、财务部门、工程部门或生产部门、供应商、外部采购专家和管理顾问参与评估。

（1）采购部门主管全权负责采购部门的管理工作，对采购各环节的工作情况了如指掌，因此是采购绩效评估的主要负责人。

（2）财务部门掌握企业产销成本的所有数据，全盘管理资金的获得和付出。因此，财务部门可以从采购成本的节约对企业利润的贡献，采购成本的节约对资金周转的影响等方面来评价采购部门的工作绩效。

（3）当采购项目的品质与数量对企业的最终产品质量与生产影响重大时，也可以由工程部门或生产部门评估采购部门绩效。

（4）供应商对本企业的采购人员接触最多、最频繁，通过供应商对本企业采购部门或人员的意见，可以间接了解到采购作业绩效和采购人员素质，因此供应商也可以对采购部门进行绩效评估。

（5）聘请外部采购专家或管理顾问，针对企业的采购制度、组织、人员及工作绩效，做客观全面的分析与建议，可以避免企业各部门之间的本位主义。

2）采购绩效评估的方式

采购绩效评估可以采用定期评估和不定期评估两种方式。

（1）定期评估一般以目标管理的方式进行，即从各种绩效指标中选择年度计划中比较重要的项目确定为绩效目标，年终按实际达到的程度加以评估，这样有利于提升个人或部门的采购绩效。

（2）不定期评估一般以特定专案的方式进行，特别适用于新产品的开

采购工作绩效测评表

发计划、资本支出预算、成本降低的专案等。

任务实施

采购绩效评估是一个在企业总体战略的指导下,在采购供应部门的客户参与下,确定采购过程中的问题和机会,不断进行计划、实施、检查、反馈循环,从而使评估方法得到完善规范、采购绩效得到持续改进的过程。采购绩效评估的操作流程如图 8-1 所示。

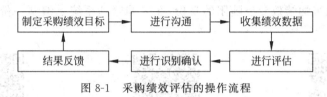

图 8-1 采购绩效评估的操作流程

步骤 1:制定采购绩效目标。

参照公司战略、经营计划、工作目标、上次采购绩效目标、关键工作、最新工作描述、职位说明等制定采购绩效目标。

步骤 2:进行沟通。

参与各方进行有效的、持续的、正式的和非正式的评估沟通。

步骤 3:收集绩效数据。

观察绩效表现,收集绩效数据,将任何表现采购绩效的痕迹、印象、影响、证据、事实完整地记录下来,并做成文档。

步骤 4:进行评估。

通过检查、测评、绩效考核、绩效会议等方式,用采购绩效指标对实际采购情况进行检查,并与绩效评估标准进行对比、分析。

步骤 5:进行识别确认。

识别在采购各个环节中的机会和问题,并加以确认。

步骤 6:结果反馈。

将评估的结果反馈给企业的管理层和采购部门,作为修订采购绩效目标的依据。

任务训练:设计企业采购绩效评估表

训练目的:通过本次训练,使学生掌握采购绩效指标体系的构建方法,学会应用采购绩效评估指标设计采购绩效评估表。

训练方式:以个人为单位完成实训任务。

训练环境:综合实训室(学生每人有一台可上网的计算机,桌椅可拼接),安装采购管理系统软件。

训练内容:2019 年第四季度末,JSJ 公司开始各部门的年底业务完成情况的统计工作。根据采购评估制度,对采购部门进行采购绩效评估。2019 年 12 月 28 日,采购主管赵宇豪对照考核项目对今年部门的工作情况进行自评。考核项目及占比信息如下。

采购订单按时完成率	15％
采购成本控制	15％
采购计划执行度	30％
不良品处理	20％
供应商管理	10％
日常内部管理	10％

赵宇豪根据考核要求,安排采购绩效专员陆阳设计一份采购部门绩效考核表。

训练要求:以采购绩效专员陆阳的身份,在采购管理系统上编制一份采购部门绩效考核表。

8.1 任务工作单

8.1 任务检查单

8.1 任务评价单

任务 2　采购人员绩效考核

任务描述

AAA 公司采购部门员工忙忙碌碌地干了一年,年底公司根据采购绩效评估制度,要求采购经理李翔飞会同人力资源部共同完成采购部门员工的工作绩效评估,主要考核采购人员的工作业绩和工作态度,采购绩效主管孔凡安排采购绩效专员徐佳设计一份采购人员工作绩效考核表。

要求:以采购绩效专员徐佳的身份,设计一份采购人员工作绩效考核表;以采购经理李翔飞的身份组织采购人员的绩效考核。

任务分析

采购人员是采购供应职能的关键,采购部门获得的每一个成果都与本部门员工的绩效成果是一致的。如何评价采购人员的工作绩效以及对组织的贡献至关重要。在对人员的考核中往往会面临许多困难,解决这些困难的方法之一就是要客观、公正地进行评价。因此采购人员绩效考核的内容和方法是本任务学习的关键内容。

知识准备

为了进一步提高采购人员工作积极性,降低公司的采购成本,提高供应商供货质量,建立采购人员的个人绩效水平考核机制是十分必要的。设计合理的考核体系可以满足个人激励的需要,可以有效地用于确定建设性的目标、个人的发展计划和奖励机制,产生更好的激励效果。

8.2.1　采购人员绩效考核困难

困难之 1：采购供应部门获得的每一个成果都与本部门员工的绩效成果是一致的。但是每个员工的绩效会产生差别，如何去确定这种差别？

困难之 2：建立个人绩效水平的考核机制很重要，但是很困难，因为个人的绩效成果都不可避免地既是定量的又是定性的，既是客观的又是主观的，既是可度量的又是不可度量的。

困难之 3：每个采购人员可能面临完全不同的情况、不同的产品组合、不同的供应商和不同的客户需求，因此要将它们的绩效成果与考核要求一一匹配，并得出完全公平的考核结果就很难。

困难之 4：如果一位采购人员的可量化成果超过了其他采购人员，但是他不能处理好与其他采购人员之间的关系，由此降低了整支团队的绩效，那么应该如何评价这名员工的绩效呢？

困难之 5：在采购过程中，采购人员收取好处费，人为造成的采购中的腐败行为，这一现象普遍存在，但是在管理上又束手无策，因为这些行为都是隐蔽的。

8.2.2　采购人员绩效考核指标

1. 采购人员绩效考核内容

采购人员绩效考核主要包括工作表现和工作业绩两大方面，分为定性和定量两大类指标。其主要考核内容和考核指标如表 8-2 所示。

表 8-2　采购人员绩效考核指标体系

考核项目	考核内容	考核指标
工作态度	遵守公司各项规章制度	工作纪律性
	工作认真负责	工作主动性
	遇到问题主动沟通，积极解决	工作责任感
	从公司整体利益出发处理与其他部门之间的关系	工作合作度
工作能力	专业知识掌握熟练	专业知识
	能够有效制订自我工作计划并确定所需要的资源	计划分析能力
	沟通能力强，能够广泛建立业务关系	判断能力
	综合分析能力强，善于全面、系统地分析问题	
工作业绩	采购成本控制	价格起伏程度
	采购交期控制	交货进度达成率
	采购品质控制	品质达成率等

2. 采购人员工作业绩量化考核指标

采购人员的工作业绩可以用量化指标进行考核，其考核的内容和方法如下。

1）采购成本控制

（1）各采购人员要对各相关产品单价进行分析，学会核价，不管采购任何一种物料，在采购前应熟悉它的价格组成，了解供应商所生产成品的原材料源头价格，为自己的准确核价打下基础，掌握其采购适当价格。

(2) 考核方法。以某年 1 月确认的单价为前期单价,各采购员可以根据产品前期单价进行分析,重新报价、重新议价,定出每月的产品单价。按每月的价格起伏情况进行评比。

$$价格起伏 = 当月的采购数量 \times (前期单价 - 每月的产品单价)$$

2) 采购交期控制

(1) 签订合同时要确定到货时间,了解供应商的生产能力、发货渠道和发货信息,掌握到货的主动权,尽量避免到货不及时影响生产。

(2) 考核方法。以每月下达订购单数为总批数,每张订单上的产品为一批。

$$交货进度达成率 = \frac{交货延迟订单}{总订单数量} \times 100\%$$

3) 采购品质控制

(1) 评价供应商的品质保证能力,要求供应商根据采购产品的品质要求进行生产及运输,确保采购产品达到公司品质要求。

(2) 考核方法。根据公司品质部门提供的每月来料品质统计表,以批数为单位。

$$品质达成率 = \frac{不良来料批数}{当月来料总批数} \times 100\%$$

8.2.3　采购人员绩效考核实施

1. 采购人员绩效考核实施范围

采购人员绩效考核适用于采购部门的全体人员,但是以下人员不列为年度考核的实施范围。

(1) 试用期人员。

(2) 停薪留职以及复职不足半年者。

(3) 连续缺岗天数达 30d 者。

2. 采购人员绩效考核实施时间

采购人员绩效考核主要分为月度考核、季度考核和年度考核 3 种,具体考核实施时间如表 8-3 所示。

表 8-3　考核实施时间

考核类别	考核实施时间	考核结果应用
月度考核	月底	与每月工资挂钩
季度考核	下一季度的月初	薪资调整、职位调整、季度奖金、培训计划制订的依据
年度考核	下一年度的 1 月	薪资调整、职位调整、年度奖金、年度培训计划制订的依据

3. 采购人员绩效考核实施主体

采购人员绩效考核实施主体为采购经理、人力资源部工作人员、供应商、被考核者。

(1) 采购经理。采购经理是被考核者的直接上级,也是考核的最主要负责人之一,采购经理必须对下属的工作表现做出客观、公正的评价,并有效地利用绩效考核,不断提升自己的管理水平和管理效果。

(2) 人力资源部工作人员。人力资源部工作人员对考核工作给予组织、协调和监控。

(3) 供应商。由于采购人员的工作与供应商有密切的联系,因此供应商的意见也可以作为考核采购人员绩效的参考依据。

（4）被考核者。被考核者是绩效考核当事人，直接参与公司绩效管理工作。

考核实施主体的职责划分如表 8-4 所示。

表 8-4 考核实施主体的职责划分

人 员	职 责
采购经理	① 考核结果的审核、审批 ② 具体组织、实施本部门的员工绩效考核工作，客观、公正地对下属进行评估 ③ 与下属进行沟通，帮助下属认识工作中存在的问题，并与下属一起制订绩效改进计划和培训发展计划
人力资源部工作人员	① 绩效考核前期的宣传、培训、组织 ② 考核过程中的监督、指导 ③ 考核结果的汇总、整理 ④ 应用绩效评估结果进行相关的人事决策
供应商	提供绩效考核的信息
被考核者	① 学习和了解公司绩效考核制度 ② 积极配合部门主管讨论并制订本人绩效考核改进计划和标准 ③ 对绩效考核中出现的问题积极与财务主管和人力资源部进行沟通

绩效考核小组工作人员根据员工的实际情况运用采购人员绩效考核表展开评估，员工将本人在考核期间的工作报告交给考核人力资源部，人力资源部汇总并统计结果，在绩效反馈阶段将考核结果告知本人。

采购人员绩效考核表

8.2.4 采购人员绩效考核结果使用

1. 采购人员绩效考核等级的评定

绩效考核等级的评定可以采取绩效评估配分和以采购人员的名次为标准的形式进行。

（1）绩效评估配分，如表 8-5 所示。

表 8-5 绩效评估配分

考核内容	考核标准	A 非常优秀	B 优秀	C 基本满足	D 略有不足
采购成本控制（价格起伏）	40	40	30	20	10
采购交期控制（交货进度达成率）	30	30	25	20	10
采购品质控制（品质达成率）	30	30	20	20	10

（2）以采购人员的名次为标准，如表 8-6 所示。

表 8-6 以采购人员的名次为标准

考核内容	考核标准	A 第一名	B 第二名	C 第三名	D 第四名
采购成本控制（价格起伏）	40	40	30	20	10
采购交期控制（交货进度达成率）	30	30	25	20	10
采购品质控制（品质达成率）	30	30	20	20	10

2. 采购人员绩效考核奖惩规定

（1）依公司有关绩效奖惩管理规定给付绩效奖金。

（2）每考核期评分第一名的以及考核分数 85 分以上的人员，考核期末可加付绩效奖金。

采购人员绩效
考核制度

（3）连续 3 个考核期的考核名次是最后一名，应加强职位技能训练。

（4）连续 3 个考核期的考核分数低于 60 分者，应调离采购岗位。

任务实施

采购人员绩效考核是在人力资源部门的组织、协调和监控下，由采购部门的主管按照考核指标直接对采购人员的工作表现和工作业绩做出的客观、公正的评价过程。采购人员绩效考核流程如图 8-2 所示。

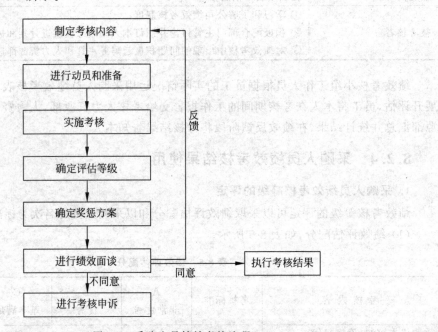

图 8-2 采购人员绩效考核流程

步骤 1：制定考核内容。

根据职位说明书，对各岗位的工作内容、工作要求等分别确定采购人员的考核内容与评分标准，并编制表格。

步骤 2：进行动员和准备。

人力资源部的相关人员要对考核工作进行宣传、组织和培训。

步骤 3：实施考核。

根据拟定的绩效考核标准和员工的实际工作成果实施考核。

步骤 4：确定评估等级。

根据等级评定的办法和被考核人员的考核得分，确定被考核人员的等级。

步骤 5：确定奖惩方案。

根据公司绩效评估奖惩规定和被考核者等级，确定对被考核者的奖惩。

步骤 6：进行绩效面谈。

绩效面谈是提高绩效的有效途径，采购主管应该在考核结束后 7 天内安排绩效面谈，将考核的结果以及奖惩结果反馈给被考核者，绩效面谈所记录的内容将作为员工下一步绩效改进的目标。

步骤 7：执行考核结果。

被考核者对考核结果认可，便可执行考核结果。

步骤 8：进行考核申诉。

（1）提出申诉。被考核者如对考核结果不清楚或者持有异议，可以采取书面形式向人力资源部绩效考核管理人员申诉。

（2）申诉受理。人力资源部绩效考核管理人员接到员工申诉后，应在 7 个工作日内做出是否受理的答复。对于申诉事项无客观事实依据，仅凭主观臆断的不予受理。

（3）申诉处理。先由所在部门的考核管理负责人对员工申诉内容进行调查，然后与员工直接上级、共同上级、所在部门负责人进行协调、沟通。不能协调的，上报人力资源部进行协调。

（4）申诉处理答复。人力资源部绩效考核管理人员应在接到申诉申请书的 5 个工作日内明确答复申诉人。

任务训练：设计采购人员绩效考核表

训练目的：通过本次实训，使学生了解采购人员绩效考核的内容，学会运用绩效考核指标及其权重设计绩效考核表。

训练方式：以个人为单位完成实训任务。

训练环境：综合实训室（学生每人有一台可上网的计算机，桌椅可拼接），安装采购管理系统软件。

训练内容：2019 年第四季度末，JSJ 公司采购部按规定需提交本部门员工的工作绩效评估结果。2019 年 12 月 31 日，采购主管赵宇豪从部门员工的工作业绩和工作态度两个角度进行考核。考核指标及占比信息如下。

工作效率	10%
积极性、责任感和创新度	10%
纪律性、规范性	8%
沟通协作能力	10%
工作指引的细化和执行	12%
当月工作任务完成情况	50%

赵宇豪安排采购绩效专员陆阳设计一份采购部人员绩效考核表。

训练要求：以采购绩效专员陆阳的身份，在采购管理系统上编制一份采购人员绩效考核表。

8.2任务工作单　　　　　　　8.2任务检查单　　　　　　　8.2任务评价单

学 习 总 结

　　采购绩效评估是对采购工作进行全面系统的评价、对比,从而判定所处整体水平的做法。其目的是通过采购绩效评估提供改进绩效的依据,促进各部门的沟通,增强业务的透明度。采购绩效评估主要从采购效果和采购效率两个方面来评价,通过采购时间、采购数量、采购质量、采购价格、采购效率等绩效指标衡量。确定绩效评估指标后,企业通常采用历史绩效、标准绩效、行业平均绩效标准、目标绩效标准作为绩效评价标准对现实采购工作进行评价。采购绩效评估工作是由采购部门主管和财务部门、工程部门、供应商、外部采购专家和管理顾问组成的评估小组对企业采购工作进行定期或不定期的评价。

　　对采购人员绩效进行考核,其目的在于产生更好的激励作用。采购人员绩效主要是从工作表现和工作业绩两个方面进行考核,合理设计绩效考核指标可以满足个人激励的需要,可以有效地用于个人发展计划和奖励机制。但是对采购人员绩效考核是困难的,建立完善、公平的考核制度是保证考核工作顺利完成的前提。

学 习 测 试

一、单项选择题

1. (　　　)必须是绩效的现实标准,否则员工就没有积极性去达到它。

　　A. 可接受性　　　　　B. 可达到性　　　　　C. 适宜性　　　　　D. 可理解性

2. (　　　)是企业采购最基本的评估目的。

　　A. 制定评估基准　　　　　　　　　　B. 评估方法的具体化

　　C. 采购业务的改善与发展　　　　　　D. 显示采购业务重要性

3. (　　　)指标主要是指供应商质量水平以及供应商所提供产品或服务的质量表现。

　　A. 质量　　　　　B. 价格　　　　　C. 运作　　　　　D. 效率

4. (　　　)是采购过程中与企业采购部门合作最多、最频繁的一方。

　　A. 采购部门主管　　　　　　　　　　B. 财务部门主管

　　C. 销售部门主管　　　　　　　　　　D. 供应商

5. 在以下场合对采购绩效进行衡量不是很有用的是(　　　)。

　　A. 小型企业

　　B. 大型企业

　　C. 公共采购任务

　　D. 已经认识到采购工作有重要战略意义的企业

6. （　　）指标主要是指供应商的质量水平以及供应商所提供的产品或服务的质量表现。

  A. 质量　　　　　　B. 价格与成本　　　C. 运作　　　　　　D. 采购效率

7. 下列选项不属于运作指标的是（　　）。

  A. 交货周期　　　　B. 付款方式　　　　C. 交货可靠性　　　D. 采购运作的表现

8. （　　）是企业采购最基本的评估目的。

  A. 制定评估基准　　　　　　　　　B. 评估方法的具体化

  C. 物料采购业务的改善与发展　　　D. 显示采购业务重要性

9. （　　）绩效作为评估目前绩效的基础，是相当正确、有效的做法。

  A. 历史　　　　　　B. 预算或标准　　　C. 行业平均　　　　D. 目标

10. 标准绩效的设定，要符合下列 3 种原则，除了（　　）标准。

  A. 固定　　　　　　B. 挑战　　　　　　C. 可实现　　　　　D. 灵活可变

11. 当采购项目的品质与数量对企业的最终产品质量与生产影响重大时，也可以由（　　）评估。

  A. 采购部门主管　　　　　　　　　B. 会计部门或财务部门

  C. 工程部门或生产主管部门　　　　D. 供应商

12. 公司要求某项特定产品的采购成本降低 5%，当设定的期限一到，即评估实际的成果是否高于或低于 5%，并就此成果给予采购人员适当的惩罚。这体现了（　　）工作绩效评估的方式。

  A. 不定期　　　　　B. 定期　　　　　　C. 短期　　　　　　D. 长期

13. 确定采购绩效指标目标值要考虑以下前提，除了（　　）。

  A. 内外客户的需求

  B. 采购人员的素质

  C. 所选择的目标以及绩效指标要同本公司的大目标保持一致

  D. 具体设定目标时，既要实事求是、客观可行，又要具有挑战性

14. （　　）是对所辖的采购人员实施绩效评估的第一人。

  A. 采购部门主管　　　　　　　　　B. 财务部门主管

  C. 销售部门主管　　　　　　　　　D. 供应商

15. 在采购人员绩效考核指标中可以量化的指标是（　　）。

  A. 工作态度　　　　B. 工作能力　　　　C. 工作业绩

16. 绩效考核申诉的时间一般为（　　）。

  A. 1 周　　　　　　B. 半个月　　　　　C. 1 个月　　　　　D. 7 个工作日

二、多项选择题

1. 做好采购工作绩效评估，通常可以达到的目的有（　　）。

  A. 可以提高采购人员的综合素质

  B. 能够同其他部门进行很好的沟通

  C. 增强业务的透明度

  D. 能够产生更好的激励效果

  E. 采购绩效的测量可以产生更好的决策

2. 采购专家威尔兹认为采购绩效评估必须遵循以下( )基本原则。

A. 绩效评估必须持续进行,要定期审视目标达成程度

B. 采购主管必须具备对采购人员工作绩效进行评估的能力

C. 评估尺度

D. 必须从企业整体目标的观点出发来进行绩效评估

E. 持续与长期化,评估必须持续不断而且长期进行

3. 通过与其他商业活动进行比较,将难以评估绩效的主要原因归结为( )。

A. 缺乏必要的定义　　　　　B. 缺乏正式的目标和标准

C. 精确评定的问题　　　　　D. 采购范围的差异

E. 采购绩效考核项目缺乏柔性

4. 采购工作的重点已经从传统的削减采购成本转变为( )。

A. 通过与供应商的长期合作来增加附加值

B. 使供需双方都受益

C. 输一赢关系

D. "零和"关系

E. 控制质量

5. 采购行为是由以下( )因素决定的。

A. 采购质量　　　　　　　　B. 采购成本

C. 采购效果　　　　　　　　D. 采购效率

6. 采购绩效指标设定包括以下( )内容。

A. 确定采购绩效指标的目标

B. 要选择合适的衡量指标

C. 确定奖惩制度

D. 绩效指标的目标值要充分考虑

E. 确定绩效指标要符合有关原则

7. 常见的采购绩效评估标准有( )。

A. 历史绩效标准　　　　　　B. 预算或标准绩效

C. 行业最高绩效标准　　　　D. 目标绩效标准

8. 采购绩效指标体系的设定应考虑( )。

A. 选择合适的绩效衡量指标

B. 选择合适的供应商

C. 满足生产和库存的需求

D. 确定合理的采购绩效指标目标值

9. 采购绩效评估人员包括( )。

A. 采购部门主管

B. 会计部门或财务部门

C. 工程部门或生产主管部门

D. 供应商

E. 外界专家或管理顾问

10. 企业的采购部门对人的依赖性很大,从管理的角度提升采购绩效的有(　　)。

　　A. 给采购人员提供高薪,创造良好的工作环境

　　B. 选聘优秀员工担任采购人员,给予必要的培训

　　C. 为采购部门和采购人员设计既具有可行性又具有挑战性的工作

　　D. 对表现突出的采购人员给予物质上和精神上的奖励

三、判断题

1. 采购绩效评估是评价采购组织和采购人员业绩的重要手段。　　　　　　　(　　)

2. 影响采购绩效评估的一个重要因素是采购人员如何看待采购业务的重要性以及它在企业中所处的地位。　　　　　　　　　　　　　　　　　　　　　　　　　　　(　　)

3. 评估绩效所花费的成本不应超出由于它的实施而预计能产生的效益部分。(　　)

4. 大多数传统的评估尺度现在看来是最低的绩效要求,因而现在可以取消这些传统的评估尺度。　　　　　　　　　　　　　　　　　　　　　　　　　　　　　　　(　　)

5. 采购价格/成本尺度主要是指支付材料和服务的实际价格与标准价格之间的关系。

　　　　　　　　　　　　　　　　　　　　　　　　　　　　　　　　　　　(　　)

6. 采购绩效指标的选择要同企业的总体采购水平相适应。　　　　　　　　(　　)

7. 一般而言,以"人"的表现为考核内容,对采购人员的激励以及工作绩效的提升,并无太大作用。　　　　　　　　　　　　　　　　　　　　　　　　　　　　　　　(　　)

8. 评估时,可以使用过去的绩效为尺度,但不可作为评估的标准。　　　　(　　)

9. 采购评估活动可以间接支持客户做好其自身的业务活动。　　　　　　　(　　)

10. 这种定期的绩效评估方式,特别适用于新产品开发计划、资本支出预算、成本降低专项方案等。　　　　　　　　　　　　　　　　　　　　　　　　　　　　　　(　　)

四、案例分析题

C 公司对商场采购人员绩效考核

C 公司旗下有一个大型商场,该商场持有大量存货,包括各种各样的物资。目前,C 公司对商场运营方面没有进行具体的绩效管理,人们普遍认为商场运营效率低下,成本偏高。于是,C 公司聘请了张凯就任商场新成立的中央采购部门经理。此前他是一家私营制造公司的高级采购主管,采购经验丰富。除负责协调中央采购部门的各项工作之外,他还要具体负责 C 公司商场所有固定资产的采购及整体运营绩效。中央采购部门有小红、小黄和小白 3 名采购助理,他们都是 C 公司去年聘用的员工。年底,张凯对这 3 名采购助理进行绩效考核。C 公司 3 名采购助理的绩效信息如表 8-7 所示。

表 8-7　C 公司 3 名采购助理的绩效信息

项　目	小红	小黄	小白
采购课程培训次数/次	3	无	5
年度采购总额/万元	95	68	124
实现的采购成本节省额/万元	6.3	1.24	8.2
每月处理的订单数量/个	162	72	184
被内部客户投诉的次数/次	6	0	3

案例问题：对 3 名采购助理的绩效进行评估。

学 习 案 例

中集集团对采购部门的绩效考核

从企业的角度看,要做好采购工作,就要从采购价格和供应商处要效益,做好供应商的考核和评价工作,还要做好采购部门的绩效考核工作,通过制定可测的、挑战性的考核指标,来监督采购部门以及采购人员的业绩,促使他们不断改进。中集集团非常注重对采购部门及采购人员的业绩考核,在总部和各下属公司形成了一套较完善的考核体系,并从以下两方面对采购部门及人员进行考核。

1. 运用业绩考核工具

中集集团会根据原材料重要程度、价格可节约程度以及对生产保障的影响程度等制定相应的考核指标,并采取部门考核和采购人员个人考核相结合的方式,对采购部门和采购人员进行考核。

以统购材料(钢材)为例,考核指标如下。

① 资源保障率 $= \dfrac{年度采购总量}{年度箱单总耗量} \times 100\%$。

② 对材料市场走势判断是否准确,对材料市场的趋势判断与市场走势是否一致。

③ 经营性采购效益 $=$(市场年度均价$-$集团年度采购均价)$\times$集团年度采购总量。

④ 市场年度均价 $=$ 以前 n 位主要采购商年度平均价格。

⑤ 集团年度采购均价。

2. 运用内部看板工具

中集集团业绩管理的一个亮点就是"绩效看板"。无论是统购材料还是非统购材料,中集集团都建立了入库价格看板和材料成本价看板,这样对于总部来说,可以清楚地了解各下属公司的材料采购情况及价格差异;对于下属公司来说,通过看板中的采购价格和其他兄弟公司做比较,可以便捷地发现自己的价格优势和劣势,从而进一步分析原因,并予以改进。

学 习 评 价

核心能力评价

通过本项目学习,你的	核心能力	是否提高
	信息获取能力	
	自我表达能力	
	与人沟通能力	
	团队合作能力	
	解决问题能力	

自评人(签字)	教师(签字)
年　月　日	年　月　日

专业能力评价

通过本项目学习,你	能/否	准确程度	专业能力目标
			设计采购部门绩效考核表
			正确实施评估,并正确地运用评估结果
			设计采购人员绩效考核表
			正确实施考核,并正确使用考核结果

自评人(签字)	教师(签字)
年　月　日	年　月　日

专业知识评价

通过本项目学习,你	能/否	精准程度	知识能力目标
			熟悉采购绩效评估的目的
			掌握采购绩效评估的指标体系
			掌握采购绩效评估的标准
			掌握采购绩效评估实施要点
			理解采购人员绩效考核中的难题
			掌握采购人员绩效考核指标
			熟悉采购人员绩效考核的方法和流程

自评人(签字)	教师(签字)
年　月　日	年　月　日

参 考 文 献

1. 张彤. 采购与供应管理(学生用书)[M]. 北京：中国物资出版社，2010.
2. 张彤. 采购与供应管理(教师用书)[M]. 北京：中国物资出版社，2012.
3. 骆建文. 采购与供应管理[M]. 2 版. 北京：机械工业出版社，2017.
4. 徐杰，卞文良. 采购与供应管理[M]. 北京：机械工业出版社，2019.
5. 梁世翔. 采购管理[M]. 3 版. 北京：高等教育出版社，2019.
6. 宋玉卿，沈小静，杨丽. 采购管理[M]. 2 版. 北京：中国财富出版社，2018.
7. 周跃进. 采购管理 [M]. 北京：机械工业出版社，2015.
8. Micheiel R. Leenders，P. Fraser Johnson，Harold E. Fearon. 采购与供应管理[M]. 张杰，等，译. 北京：机械工业出版社，2011.
9. W. C. Benton，Jr. 采购与供应管理 [M]. 穆东，译. 大连：东北财经大学出版社，2009.
10. 徐杰，卞文良. 采购管理：研究与应用的视角[M]. 北京：电子工业出版社，2010.
11. 蒋巧萍，梁华. 采购与供应管理咨询工具箱[M]. 北京：人民邮电出版社，2010.
12. 李育蔚. 采购管理流程设计与工作标准[M]. 2 版. 北京：人民邮电出版社，2012.
13. 胡军，黄瑶. 采购与供应管理概论习题与案例[M]. 北京：中国物资出版社，2009.
14. 姜宏锋. 采购 4.0[M]. 北京：机械工业出版社，2018.
15. 宫迅伟. 采购 2025[M]. 北京：机械工业出版社，2019.
16. 马士华，林勇. 供应链管理[M]. 4 版. 北京：机械工业出版社，2011.
17. Kenneth Lysons，Brian Farrington. 采购与供应链管理[M]. 北京：机械工业出版社，2018.
18. Carlos Mena，Remko van Hoek，Martin Christopher. 战略采购与供应链管理[M]. 北京：人民邮电出版社，2016.
19. 辛童. 采购与供应链管理[M]. 北京：化学工业出版社，2018.
20. 柳荣. 采购与供应链管理[M]. 北京：人民邮电出版社，2018.